孩子，你可以更好

莊億惠◎著

0~6歲 特殊幼兒早期療育

遊戲書

推薦序

「兒童發展」於民國八十六年開始於全國推廣，早期在北、中、南、東共五個縣市成立兒童發展聯合評估中心，逐漸擴展至全國二十五所評估中心；民國九十三年，全國約七千多個兒童接受過評估，在這些評估出需要療育的小朋友，其家長殷切盼望專業人員提早有效介入協助，提早療育，可使這些小朋友的發展有顯著進步。

在臺中榮總兒童發展聯合評估中心，幾年來從經驗中發覺，由專業人員協助父母，在家中給予小朋友持續性療育的效果最好。莊億惠老師服務於東海大學附屬小學，專門協助資源班及特教班的小朋友，也曾服務瑪利亞文教基金會附設啟智學園八年，對發展療育有獨特的經驗和洞見，莊老師每次在小朋友及家長療育會議中，對發展項目中最重要的語言、認知及動作，均耐心地諄諄循序傳授給家長療育技巧，盼能在短時間內傾囊相授，使家長能有效及正確的協助小朋友快快樂樂地長大。莊老師殷切期盼家長能有更多指導策略，因此在百忙中抽空將各類不同小朋友所需的發展療育技巧出書，讓家長或監護者在家中就能利用這些技巧持之以恆地予以協助。在方便有效的療育協助下，能讓小朋友發展獲得有效進步。藉此特別感謝莊老師勞心勞力將經驗化成文字，嘉惠有需要幫助的家長。

臺中榮總兒醫部部長

遲景上 醫師

於臺中榮總兒醫部

推薦序

　　對於教保有關特殊兒童的教材教具製作與教法的書籍並不多，學者專家一直忙碌於學術研究與教學，所以想要請他們寫出一本關於教材教具的書，並不容易，事實上，除非對此領域非常投入且有豐富多年教學經驗的教師，才能寫出這麼一本書。

　　這本書，相信對於剛要從事特殊教育的教師而言，可說是如獲至寶，對於資深的教師而言，可以激發更多的教學靈感，所以，這樣的一本書，能擁有它，相信一定能幫助這群天真的天使們更有效率的學習，我們知道，這些特殊孩子的學習與一般孩子是有差異的，唯有透過教師的巧思與創意的教學方法，才能引導孩子了解，當然，不論老師多麼會教，如果沒有好的教材教具，難免會變成巧婦難為無米之炊的困境。多年來，看過一些相關的書籍，但是能這樣清楚有步驟分析講解的內容並不多，且書中還有詳細的圖文說明，讓人覺得作者之用心，相信，除了老師可以當做參考的資料外，這些特殊孩子的家長們也是有需要的。希望這本書的價值，能讓更多有心的人投入這個領域，讓孩子們能享有更佳的教學品質。

　　莊憶惠是一位對特殊教育充滿熱情的教師，她在這個領域已有多年的經驗，透過莊老師在這方面的論述及詳細的解說，相信，我們可以很容易的製作出適合孩子的教材教具，並且能把教材教具運用得淋漓盡致。

吳東昇

94.12.16

前瑪利亞啟智學園 園長

前台中市愛心家園 園長

前台中縣立德水園身心教養院 院長

仁輔兒童發展中心執行長

筆者從事特殊教育 13 年來，輔導眾多特殊需求的個案，往往會發現，個案的進步關鍵點除了特教老師功不可沒外，家庭父母親的支持更是個案成長與潛能發揮到最大的不變法則。

　　隨著通報轉介系統逐漸完善，很多特殊幼兒逐漸被一一發現與通報，限於有提供早期療育服務的早療機構或是醫療院所大多集中在都會區，很多偏遠地區的幼兒，雖然已經被發現與被診斷出來，但是由於地域性和資源的分配有限，再加上家長的工作和經濟上的限制、交通上的不便，導致特殊幼兒皆無法接受完善的療育，因此即使家長很有心想幫助自己的孩子，但是卻不知道如何著手。

　　個人在榮總的發展遲緩兒童聯合評估的過程中，常常會聽到偏遠地區的家長，無法在當地找到合適的療育場所，然而教材教法的指導解說，往往無法三言兩語便能夠交代清楚，再加上目前融合教育的趨勢，很多特殊幼兒皆安置在一般幼托園所，往往會造成老師不知道怎麼教班上特殊的幼兒，這也是個人在公開場所演講過程中，被幼托園所的老師所問及的問題。因此，個人便將 13 年來的特教經驗訴諸於文字和圖片，期待可以縮短班上有特殊幼兒老師的摸索時間，因材施教，相信透過家長與老師的輔導，雙管齊下，對孩子的學習定有相當大的助益。

　　隨著日益增加的外籍配偶連姻，很多家有發展遲緩幼兒的外籍母親，遭受到語言不通再加上經濟和交通上的限制。為幫助他

們理解幼兒的教導內容，本書大量的運用圖片解說，以突破文字上的藩籬，如此一來，至少在0至6歲孩子的教育黃金時段，能夠給予知識上的提供與方向的指引，這也是本書與其他特教書籍的最大差異。希望讀者能因此而受惠，這也是筆者編寫本書的最大原因與動力。

莊憶惠

2005.01.31. 於臺中

隨著經濟的改善與社會型態的轉變，國內已經開始重視嬰幼兒發展的問題，除了一般性的身高、體重、健康等生長發展外，也包括知覺、動作、語言、認知、學習、人際關係、情緒、社會適應等發展。一個有發展遲緩現象的幼兒可能在這些項目上，有一種或一種以上，其發展速度或發展品質上的成熟速度落後於一般同年齡的幼兒。因此要知道孩子是否有某一部分的發展遲緩，應有定期的發展評估篩檢。年齡愈小的孩子篩檢要愈密集，三歲以後的幼兒應每年估評一次。

　　就個人所接觸到的發展遲緩幼兒之家長與老師，最困擾他們的是，明知道孩子的發展明顯慢於正常值，但是平日卻不知道如何教養與指導，再加上目前的社會型態，諸多忙碌的雙薪家庭，要以有限的時間去學習相關的教育概念，實在力有未逮；甚至因為城鄉的差距，有很多地區的特殊幼兒家長，無法找到適合孩子進行早期療育的場所，因此，透過家長的自力學習，透過書籍的訊息傳遞，藉以幫助自己的孩子，便是當務之急，這也是促使筆者執筆書寫此書的最大動機。

　　以下筆者將就孩子的知覺、動作、認知、生活自理、人際關係方面的教養原則和教材教法，做一個較完整性的知識傳遞，希望透過圖片的完整敘述，能夠讓家長更知道如何透過一些簡單的教材，來指導自己的孩子。另外，很多特殊需求的幼兒散布於各幼稚園所，很多幼教老師往往不知道如何教導，透過本書的圖片

說明，可以很快的讓幼教老師習得指導的策略，不至於手忙腳亂，這也是本書的另一項功能。綜合以上所說，可以很清楚的了解本書異於目前一般坊間的的特殊教育書籍之處，同時為了讓讀者能更清楚的分辨圖片的內容，故另將所有的圖片集中在隨書附贈之光碟中以彩色呈現，讓使用者可以加以參照。

　　以下將對於教養0至6歲的特殊幼兒的教養原則做一簡單的說明。（本書所指的特殊幼兒泛指特殊教育法中的：智能障礙、視覺障礙、聽覺障礙、語言障礙、肢體障礙、身體病弱、注意力缺陷過動症、疑似學習障礙、多重障礙、自閉症、發展遲緩、其他顯著障礙之幼童……。）

教養方式

✎ 建立良好的依附關係

　　首先要注意環境的安全，其次則必須建立良好的依附關係，一個緊張的互動關係是無法讓孩子達到學習的目的。

1. 時常以口語或非口語的方式表達對孩子的喜歡和接納，讓孩子感受到父母親對他們的關懷。

2. 不要一直強調孩子的不足處，應學習欣賞其優點，增加其自信心。常常會聽到指導者對孩子說：「不可以這樣，不可以那樣」，往往少了下一句：「你要……」；如此一來，往往造成孩子的無所適從，因而持續重複出現錯誤的行為，最後造成家長對於孩子行為失當的憤怒與誤解。

3. 發展切合實際的期望：幼稚園老師平日接觸的孩子，智力上或是其他的發展皆處於正常值或正常值以上；有的特殊幼兒家長則會以之前育養的經驗來要求特殊個案，在不適當的期待要求下，常常會忽略到孩子能力的不足，最後彼此的挫折感便應運而生。

✎ 做一個多話的指導者

1. 名字的一致性：有些幼兒有數種稱呼，例如：名為張如方的幼兒，有時候叫他方方、小方、弟弟、哥哥、帥哥，有的甚至有另外的偏名……，在孩子成長的初期，對自我的認識略嫌不足，因此，正確的稱呼有其必要性。

2. 發展遲緩的幼兒往往在語言方面亦有其落差，因此平日在家中或幼稚園與幼兒的互動，其所作所為若能搭配語言，讓幼兒了解其動作與指令的連結，更能製造一個學習說話的環境。例

如：「老師（媽媽）拿碗和湯匙，要吃飯了！」、「立明坐在（椅子）上，好舒服喔！」、「（穿鞋子）要出門了！」，因為指令本身通常要求做動作，而動作本身是具體的，但是它不具有恆存的形象，必須由指導者將動作表現出來，它才短暫存在，所以老師或家長在教導特殊幼兒時，常常要一邊下指令，一邊帶幼兒把動作做出來，他才知道指令與動作的關聯。例如：老師喊起立的指令時，必須拉他「站起來」，日子一久，「起立」的指令和站起來的動作才能連結。

3. 適度的修正句子的長度：剛開始給予孩子的指令要簡短，例如要求停止不正當或有立即性的危險行為時：

　(1)正確下達「明明！不可以」的指令。

　(2)不要以「明明！你在做什麼？這樣很危險呢！」徒增幼兒遵從指令的困擾。

　(3)剛開始要求幼兒做工作時，一次不要下達過多的指令，例如：「明明！把書包收好，地上的紙屑撿乾淨，到外面排隊！」。

　(4)但是隨著年齡與智慧的增長，句子的長度便需要逐漸延長。

4. 善用視覺線索的方式，加強孩子的句子加深與加廣：孩子的學習，若能善用圖片的連結與符號的操作，往往能使聲音得以保留，例如：□和□的學習，若能夠加上視覺的提示，把介係詞，和，視覺化不再是虛詞，那麼孩子便能在很短的時間內，學會介係詞的使用。若剛開始沒有視覺上的提示，孩子也只能以個別的語詞來闡述句子，例如：西瓜和蘋果，他們也僅能以西瓜蘋果來表示。

5. 提供正確的示範：身教與言教並重。

6.禮貌話語的引導與社交經驗的提供：增加幼兒間正向的互動。
   例如：對不起、謝謝你。

三✐ 建立是非觀念

1.一般的父母對於自己的孩子無法貫徹指令，導因於孩子哭鬧便
   屈服於其要求，將造成日後教養上的困難；而建議幼稚園任教
   的老師必須在孩子能力所及的範圍內，要求其遵守教室常規，
   千萬不能因為孩子為身心障礙兒而全部給予包容，絲毫不給予
   常規的建立。其中的程度拿捏，必須視孩子的能力來做考量依
   據，這時候，與家長的溝通便非常重要，因為最了解孩子的莫
   過於從小教養他們的父母親了，透過家長的敘述再加以專業的
   判斷，最後再擬定教養孩子的原則，如此便能達到最佳的學習
   成效。

2.清楚的告知什麼行為可以被接受，什麼行為不能被允許：當孩
   子做錯事情的時候，一定要告知：「不可以」，常常有很多家
   長會認為，反正說了他們還是聽不懂，若抱著此心態，怎麼可
   能期待孩子有一天會聽得懂並理解事情的對與錯呢？

3.擅用增強與懲罰的行為改變技術技能，例如：做對的事情或是
   很認真學習，便給他喜歡吃的葡萄乾（前題：葡萄乾必須他喜
   歡吃），若是亂丟東西，則不能玩他最喜歡的玩具……等，務
   必賞罰分明。

四✐ 豐富其生活經驗

1.每天眼睛一睜開，其所見、所聞、所處的環境便是其學習的大
   學校，儘量增加孩子接觸外界的機會，因此，公園、超市、餐

廳、……，皆是其學習的絕佳場所，若在特殊幼兒安全無慮（人力支援夠）的範圍下，建議不要剝奪特殊幼兒戶外教學的機會。

2. 善用日常生活中發生的每一件事情來進行教學，例如：食、衣、住、行的學習，皆是其學習的範疇。

3. 製造其學習的情境：有時候想要讓孩子學習某一技能，適時製造時機是有其必要的。例如：吃飯時，故意不拿湯匙給他，激發其主動表達其需求的能力；發東西給小朋友，故意跳過特殊幼兒，再引導他說出其需求，諸如此類。

4. 音樂的適時提供：音樂本身有安撫、穩定情緒的功能，在空閒時間給予兒歌或有節奏感的認知錄音帶，亦有助於聽覺方面的學習。在聯合評估的過程中，常常會碰到很多是隔代教養的案例，或是異國聯婚的母親，由於本身已經處於環境和語言的適應和隔閡，往往不能給予幼兒正向的語言模仿對象，故須利用兒歌的提供，製造部分的語言環境，當然，其他語言環境的提供也是有其必要性的。另外，家長亦可以藉由幼兒熟悉的兒歌曲調，將生活的體驗編入歌詞中，促使與幼兒遊戲與互動時，更能增添其學習的趣味性。

五 ✎ 做一個觀察入微的指導者

清楚的了解幼兒是不能或是不為，並適時的給予精神上的支持。

六 ✎ 將所要教導的目標分成小步驟

例如：要教導穿鞋子，便需要分成以下幾個動作：

1.打開魔術帶。

2.舌布拉起來。

3.腳套進去。

4.食指伸出來，放在鞋後跟。

5.勾（整理鞋跟）。

七　家長與老師保持密切的聯繫

親師雙方配合在學校所教的部分課程（適合特殊幼兒能力部分），持續指導並每天固定一個時段，在固定的地點，加強其各方面的學習能力。

八　過度練習原則

有一些發展比較慢的孩子，雖然已經學會了，但還是繼續加強，以免淡忘。而有一些學齡後被診斷出來為學習障礙的兒童，更要指導其學習策略，因為若只重視反覆的練習，而忽略其學習策略的習得，其困難點永遠存在且無法跨越。

九　預防甚於治療

給予孩子有選擇的空間，但是對於有些自閉症的孩子，對於其過於固著的行為，必須適時的加以誘導，而非全然的接受。例如：孩子喜歡綠色的物品，舉凡牙刷、牙膏、衣物、……，皆以綠色為主，最後卻造成日後團體生活的困擾，因為該生認定，只要是環境中所有綠色的東西皆屬於他所有，音樂治療課中，當老師發給別的同學綠色的球，他一定過去搶過來；上課的時候，當老師發給別人綠色的教具時，他也一定拼命搶回來，搶不到便躺

在地上哭鬧不休。之所以衍生出這麼多的行為問題，其癥結所在除了其固著性外，於幼兒時期未能充分給予不同的顏色刺激與適時的正視此行為有相當大的關聯性。當知道孩子有這方面的過度選擇時，便要用幼兒聽得懂的語詞告訴幼兒，綠色的牙刷很不錯，但是黃色的也很棒啊！幼兒有可能以哭鬧的方式來要脅，但是千萬要記住，溫柔的堅定是必要的，否則孩子一旦以哭鬧達到目的，日後要修正都很困難，家長和老師不得不慎。

十　視覺線索的提供

平時多提供視覺線索，以加強認知並提供結構式的教學與學習空間，尤其是自閉症的兒童往往需要透過此視覺學習，方能達到學習的目的，其他類別的特殊孩子（除了視覺障礙的孩子外）或一般正常的幼兒更可以因此而受惠。

十一　請勿因為怕髒，而剝奪孩子接觸大自然的機會

海倫凱勒的恩師蘇利文老師，為了讓海倫凱勒接近大自然，讓她在草地上打滾，在田野裡跑跑跳跳，又在泥土裡種下種子讓海倫凱勒觸摸，因而架構了海倫凱勒日後的學習基礎，功不可沒。

十二　請勿給予過多的協助，讓孩子喪失學習的機會

常會看到 4、5 歲的特殊幼兒，坐在椅子上，伸出短短的小腳，爸爸媽媽蹲在地上很辛苦的幫他們穿襪子；每餐飯只要張開嘴巴，便可以解決肚子餓的問題；每天早上一起床就有人幫他們刷牙和洗臉。試想，凡事都有人代勞，孩子怎麼會有學習的動機呢？所以，過多的協助，只會剝奪孩子學習的機會，身為家長不

可不引以為鑑。

十三　熟練原則

　　特殊幼兒的長期記憶往往優於短期記憶，故當其習得一項新技能時，要提供過度練習的機會，使該項短期記憶轉變為長期記憶，以至不會忘記。若沒有把握此原則，往往現在學會了，過了一段時間又淡忘，最好的方式便是，新的經驗架構在舊的經驗中，例如：要學習物品的命名；電風扇，則可以要求幼兒在畫有電風扇的圖形內塗上顏色（舊經驗：在限定的範圍內塗顏色），至於塗上什麼顏色呢？（舊經驗：紅色或是綠色）接下來再塗什麼顏色呢？（綠色或是咖啡色？──咖啡色是新的經驗）若能依序來教導，那麼孩子的成長是指日可待了！

十四　從事建構性的玩具操作

　　建構性的玩具，例如：玩積木、摺紙、或是其他紙類的操弄、玩黏土等，有助於孩子有系統但是又有自由遊戲的空間，在拆和裝的過程中，讓孩子發揮自由創作的樂趣，提升了各方面能力。

十五　利用其優勢學習

　　某些特質的小朋友非常善於模仿，例如唐氏症的孩子。這類型的個案，對於音樂情有獨鍾，在此種狀況之下，利用律動介入認知與各領域的學習，將會事半功倍。

十六✐ 類化能力的加強

　　教導孩子認識杯子，塑膠杯也是杯子，玻璃杯也是杯子，紙杯也是杯子，但是若指導者未能及時察覺提供多樣化的物件，每次教導認識杯子的時候，都是以相同的杯子來當教材，未能提供多樣化的學習，結果孩子便認知只有該樣教具的名字叫做杯子，其他的杯子並不代表相同的意義！

十七✐ 可以結合各種不同的目標，進行學習的活動

　　幼兒之所以異於成人，最主要是他們的學習方式的差異，六歲以下幼兒的生活中心，最主要就是遊戲，若是每次都要求他們做單一且相同的動作，不僅學習意願低落，更容易引發其不當的行為問題，屆時其行為模式一建立，要再修正都會事倍功半，難上加難！所以平日在教導的過程中，可以加上不同的遊戲方式，例如：認識顏色，不一定每次只能拿起色卡，要求複述。

　　家長可以把家中不同顏色的墊子拿出來，要求孩子跳到紅色的墊子上，拿起墊子上的白紙，用紅色的筆在白紙上依照點線的位置，畫出一粒紅色的蘋果，並且在紅色的線內塗滿紅色。以上的活動中便涵蓋了好多學習目標，例如：向前跳、認識紅色、會做點線畫，甚至最後可以在協助下，用剪刀把蘋果剪下來。

十八✐ 新的經驗建構在舊的經驗中

　　進行新的活動時要建立在舊的經驗中，逐步的架構幼兒的學習，否則過高、過難的學習目標，會造成幼兒的挫折甚至放棄，得不償失。

十九✐ 依循序漸進的方式進行活動

過於激烈的方式，往往導致幼兒的抗拒，其效果不僅大打折扣，甚至會阻礙日後的學習意願。

二十✐ 善用結構化，養成幼兒學習的習慣

環境和時間的結構化對於特殊幼兒的幫助是很重要，例如：將家中規劃成有結構的地方，吃飯的地方、睡覺的地方皆有一定的場所，每天固定一個時段，於家中固定的房間，加強其各方面能力的學習，這便是規律性的習慣養成。剛開始的時候，幼兒不一定願意坐在椅子上學習，必須循序漸進，否則過於強制性的結果，往往會造成孩子的強力反彈。

二十一✐ 一致的原則

幼稚園或機構與家中的指導模式要一致，絕不可因為不同的訓練者而有不同的教育方式，例如：媽媽教孩子一種穿衣服的方法，老師教的教法又是另外一種，往往會造成孩子學習上的混亂！另外管教態度也要一致，對孩子寬嚴要一致，更不可以因訓練者本身情緒變化而有不同的做法。

二十二✐ 利用減敏感的方式進行孩子所害怕的事情

有些特殊幼兒對於新事物的嘗試，其適應的時間比一般幼兒久，故適當的等待，充分時間的適應是必要的。例如：害怕盪鞦韆：〔先讓他看別人盪〕→〔接著抱著他一起坐在鞦韆上先不要盪〕→〔慢慢的輕輕的盪幾下〕→〔再逐漸盪高一點〕→〔讓他

自己盪〕→〔依正確的速度讓他自己盪〕。有很多家長或是老師，為求立即性的效果，會採用較嚴格高壓的方式，要求已經充滿恐懼的幼兒，必須立即完成所要求的指令，任由其哭鬧不止，最後孩子有可能屈服於大人的威嚴，但是造成心靈上的恐慌與傷害卻是無可抹滅。

筆者常常看到有很多指導者，為了讓有觸覺防禦的幼兒儘快進入狀況，便不由分說把幼兒丟進去球池中，讓孩子嚇得哭鬧不已，每次一靠近治療室的門口，便因害怕而哭泣，治療也常常因此而中斷，若因此而歸咎於觸覺防禦所導致的行為，那就過於本末倒置了。

那麼該怎麼做呢？剛開始，可以讓幼兒看別的小朋友在球池裡面玩，若是沒有其他小朋友，則可以讓另一位在球池中的大人跟他（球池外）一起玩丟球的遊戲，接下來再讓媽媽或是幼兒所親近的大人，在球池裡面陪著幼兒跟其他人玩丟球的遊戲（此時幼兒可能站在球池旁邊，不過沒關係，只要逐步靠近球池便可以了），最後再讓幼兒在媽媽的懷裡，坐在球池中玩丟球的遊戲，最後媽媽再逐漸撤離孩子的身邊，由治療師介入孩子的治療。

二十三 指派孩子可以勝任的工作，提升孩子的成就感

例如：利用每天吃飯的時間，請幼兒幫忙排碗筷，晚上洗完澡請幼兒幫忙把衣服拿去洗衣機洗……。透過指令的讀取和幫忙的喜悅，這些點點滴滴都能提供孩子自我的成長。

二十四 儘量安排機會幫助幼兒結交好朋友

「孩子是孩子最好的導師」，這句話一點都不為過，因為在

一般幼稚園中，透過孩子的生活與情境，吃同樣的東西，玩同樣的遊戲，上同樣的課程，說同樣的話，感受同樣的生活……，他們所擁有的交集，遠超過大人，眼中所見，耳中所聽當然會有所共鳴。因此，儘量安排幼兒結交好朋友，而一般幼兒也能夠透過幫助特殊幼兒，進而多一份對他人關懷的心，對於人格的培養有其正面的意義。

教材教法

接下來，就幼兒各領域的發展，筆者將之區分為：粗大動作、精細動作、認知、語言、社會行為、生活自理等六大領域，而其中生活自理部分，所牽涉的層面較廣，個人另以專書加以呈現，其他部分則以圖片的方式並輔以說明，讓讀者很清楚的了解教材的製作與使用方法。

首先就粗大動作和精細動作兩方面可以進行的活動有以下建議：

一、沙包

可以用空盒子或是一般的鼓當成標的物，以標的物就幼兒的沙包，也就是說指導者拿著空盒子，迎沙包丟過來的方向，增加幼兒成功的經驗，加上丟進空盒中或是鼓面上有聲音的回饋，更能吸引幼兒繼續的操作。若孩子的能力逐漸提升後，再減少其協助的程度。

二、球類

球可以提供很多的動作學習與玩法，滾、拍、接、投，剛開始可以用大的海灘球、海綿的橡皮球，甚至可以利用乾淨的襪子捲成小球在房間或是家裡的客廳玩，既安全又可以學習到與丟球相同的技巧。有很多特殊幼兒不會接球，這時候指導者可以要求幼兒先把兩手在胸前做捧物狀，而球丟過去的時候，儘量丟在幼兒的雙手中，以增加其成功的機率。但是必須要留意的是，慢慢的增加其難度，例如：雙方的距離慢慢拉長，球丟的方向慢慢有偏移，幼兒必須慢慢靠自己身體的移動來接到球。若要訓練其反應的敏捷度，也可以把海灘球綁在天花板上讓其擺動，讓幼兒能

夠玩接住或放手的遊戲。剛開始可以用較輕的球，打到不會痛，再逐漸的改由其他的球，例如：籃球，讓幼兒適應以後，面對丟接球時就不害怕。

三✎ 跳高

對於特殊幼兒而言，動態的跳高要比較大以後方能達到，剛開始的時候，可以在幼兒前上方，拿著他喜歡的玩具或是餅乾，只要他可以跳起來摸到，就可以給他，最後再逐漸用繩子拉到一定的高度，讓幼兒跳過去。

四✎ 跳房子

跳房子的遊戲可以增加幼兒雙腳或是單腳跳的能力，剛開始的時候，必須在格子裡面放上腳印，例如：品字狀的跳法，第一格是兩腳，所以在第一個口中放進去兩個腳印，接下來在另外的口口中各放一個腳印。如此孩子透過視覺提示，便很清楚的知道雙腳先併攏再分開到兩格中。等到孩子的速度可以很快的往前跳之後，便可以撤除視覺提示了。

五✎ 三輪車

初期的時候孩子往往不會把腳固定在腳踏板上，所以可以用彈性繃帶把腳固定在腳踏板上，等到腳板已經能夠靈活運用後方才撤除固定的動作。

六✎ 平衡的遊戲

花圃外環的小台階或是人行道的視覺線，皆是訓練的好場

所，沿著視覺的方向走或倒著走，皆可以得到意想不到的學習成效。

七　積木的遊戲

積木的遊戲可以學習到搭拆的樂趣，仿砌積木配圖等，皆可以學習到視覺上三度空間的概念。家長亦可以將幼兒所架構完成的作品以相機拍攝下來，日後亦可以要求幼兒依照同樣的方式仿砌，這也是另一種學習的課題。

八　手指的遊戲

用自己的小手指去剪、貼、撿、撕、……讓手部功能充分發揮到極致，有助於日後的生活適應能力的學習。

領域一 🏃 粗大動作

📖 粗大動作發展簡表

二個月	☐ 俯臥抬頭望前面的玩具。
三個月	☐ 以手肘支撐俯臥，左右轉動頭部尋找聲源。 ☐ 仰臥時頭部能夠隨著喜歡的玩具而左右轉動。 ☐ 仰臥時頭部保持中線，不向兩邊擺動，注視吊於眼前的玩具。
四個月	☐ 從慢慢做擺放到仰臥時，能曲頸保持頭部不向後仰。 ☐ 被成人扶助坐立時，能使頭部保持中線進行活動。
五、六個月	☐ 仰臥時曲頸向前面的物件。 ☐ 從仰臥轉到側臥。 ☐ 俯臥會轉成仰臥的姿勢。 ☐ 以手向前撐坐約兩分鐘。
七個月	☐ 被放正仰臥的時候，會翻身到俯臥。 ☐ 單手保持平衡時，另一手伸向前取物。 ☐ 俯臥時在床上團團轉。
八個月	☐ 連續由仰臥轉身至俯臥，再翻身至仰臥。 ☐ 開始匍匐爬行。
九個月	☐ 由坐姿轉到四點跪。 ☐ 能穩定的保持四點跪的姿勢。
十個月	☐ 四點跪的方式，協調雙手及雙腳輪流向前伸踏。
十一個月	☐ 扶著欄杆橫行 5～6 呎。 ☐ 雙手按著四方椅面，繞著行一周。 ☐ 在穩定雙手扶持下向前走 5～6 呎。
十二個月	☐ 跌倒時，雙手及雙腳做保護反射。 ☐ 不需扶持下向前走。
十三個月	☐ 不需要扶持下走 3～4 步。

一歲半	□ 能踢靜止不動的球。
二歲	□ 前後腳站立 5 秒。 □ 能原地跳。 □ 能向下跳。 □ 能擲直徑為 7 吋的中型球向下。
三歲	□ 能單手舉高至額前擲物。 □ 雙腳合攏站立 5 秒。 □ 不需扶持，單腳站立 1 秒鐘。 □ 兩步一階上下樓梯。 □ 能向前跳（3～4 歲）。
四歲	□ 能一步一階上下樓梯。 □ 能以跑步動作配合踢的動作。 □ 能沿直線步行。 □ 能騎三輪車並能控制其方向和速度。 □ 能雙手接左右兩邊拋來的球。
五歲	□ 能跨過 4 吋寬的空隙。 □ 不需扶持，單腳站立 5 秒。 □ 能在 4 吋寬的平衡木上穩定的向前走。 □ 將固定的球踢向不同的方向。 □ 能單腳向前跳 5 步。
六歲	□ 能在 4 吋寬的平衡木上轉 180 度。 □ 腳跟對腳尖走直線。 □ 會把球往上拋再用手接住。

　　一般幼兒的發展皆循一定的過程，特殊幼兒也不例外，例如：坐、爬、站、走、跳……。在學習的過程中，除了透過情境的學習外，也必須另外製造學習的機會，例如：加強平衡感，除了學習走平衡木外，亦可以常常帶幼兒至公園花圃邊緣小磚塊行走，以延續其訓練的機會。此外，可以先學會爬樓梯再爬鐵架，

這些造型不同且難易不同的攀爬架，都可以提供孩子使用雙手與雙腳的機會，有利於身體二側的整合。

　　除此之外，也可以提供視覺探索的方式，在地上放呼啦圈讓幼兒一個一個往前跳，甚者，可以在呼啦圈內放腳印，引發向前跳的動機。又如：單腳跳，可以在呼啦圈內放置單一腳印。至於單腳站立，則可以要求小朋友玩「請你跟我這樣做」、「123 稻草人」皆是很好的寓教於樂的方式。但是有時候必須考量有的幼兒是因為下半肢肌力的問題，此時必須靠治療師的評估來加以指導訓練，方能達到一定的療效。

　　另外，以腳尖跟著腳跟走的教學目標，可以以腳印連接的方式，最後才以線段或卡典西德紙黏貼在地上，沿著線走，甚至貼成各種不一樣的形狀，讓孩子充分學習沿線走路的樂趣，達到預定的目標。

　　另一個訓練目標，則是穿過、跨過、鑽過、爬過、越過等指令的讀取，可以以空的紙箱、小椅子，或是橡皮筋連接起來，連成一條繩子，做跨越的動作，再逐漸以繩子來替代之。以上皆是以視覺線索的方式促進其學習的利器。

領域二　精細動作

■ 精細動作發展簡表

出生	**2M** □ 抓握反射。 **3～5M** □ 眼睛會注視雙手。 □ 雙手一起在前面合握。 □ 有目的性的伸出手及伸向物體。 □ 會兩手傳遞玩具。 □ 手指與掌抓東西但拇指內收。
四個月～一歲	**6～8M** □ 會尋找掉落的毛線球。 □ 伸手時手掌能外旋。 □ 以四指及手掌抓東西。 **9～11M** □ 以食指戳東西。 □ 以拇指與食、中指拿東西。 □ 拿 2 個積木互敲。
一歲～二歲	**12～15M** □ 會翻書卡。 □ 會疊 2 個積木。 □ 以握拳的方式握筆。 □ 持筆亂戳。 **16～19M** □ 拿筆亂畫。 □ 會疊 3 個積木。 □ 放置小圓木棒。

	20-23M ☐ 會模仿摺紙。 ☐ 會疊 6 個積木。 ☐ 把積木排成直線如火車。
二歲～三歲	**24-36M** ☐ 穿大孔的珠子。 ☐ 會揉黏土。 ☐ 會拿筆畫直線及圓。 ☐ 轉動門把打開門。
三歲～四歲	☐ 會重疊 8～10 塊積木。 ☐ 將 3 塊積木搭建成品字。 ☐ 模仿畫圈。 ☐ 會拿剪刀。 ☐ 玩貼紙的遊戲。 ☐ 會操作各式各樣的門栓。 ☐ 將錢幣放入撲滿。
四歲～五歲	☐ 會到鄰居家玩。 ☐ 會將點連成線。 ☐ 會畫簡單的圖案（如身體手腳）。 ☐ 會摺疊衛生紙手帕。 ☐ 將水壺內的水倒入水杯中。
五歲～六歲	☐ 會到社區商店。 ☐ 會畫三角形及房子。 ☐ 會描摹簡單的字及自己的名字。 ☐ 會沿曲線剪紙。 ☐ 會拿鑰匙開門。 ☐ 會用別針夾東西。

精細動作簡單的說就是手部的動作，靠近物品、抓住物品或者拿到物品，或者靈活運轉手腕、雙手協調諸如此類的動作，都是精細動作所涵蓋的範疇，它包括手部運動和視覺的協調。對於

較小的幼兒，更是透過雙手和周圍的環境產生互動，並藉著雙手接觸許多東西，包括自己的身體及外界的物體等。在我們看似簡單的活動中，其實包含了各種感官的知覺（如視覺、聽覺、觸覺等）的接收，及各種概念的形成。相對的，有些無法用雙手去接觸外界的孩子，例如：腦性麻痺等障礙類別，更由於缺乏來自外在環境的感覺訊息及操作概念，而減少了和這個世界互動的機會，其早期的經驗往往被剝奪，相對的也阻礙了學習的管道。

為了能夠寫字和畫圖，幼兒的手必須要能夠協調並長時間正確的握著筆，因此之前的準備工作是相當的繁瑣，其中所涵蓋的技巧也相當多。所以精細動作技巧與手眼協調結合，為探索、學習和表達奠定往後學校學習的基礎。

精細動作領域的學習，其內容不僅限於目前所需要的一些技能，同時亦包含將來生活上所需要的技能，假若精細動作技能欠佳，則很多活動皆無法勝任！因此有計畫的進行指導，讓手指操作不再笨拙，有助於生活方面更具有協調性與獨立，以下就一些活動的項目做一簡單的介紹：

一 按壓玩具的操弄，瓶蓋的旋轉與開合

進行各項學習時，剛開始時務必要注意其趣味性，讓孩子有操作的意願與動機，其做法是按壓之後有聲音或動作的回饋，旋轉瓶蓋的訓練，則在瓶子內裝增強物，當孩子的面把餅乾放入瓶子中，再要求他轉開瓶蓋拿出餅乾來吃。

二 敲打的動作練習

例如敲打台，讓觸覺刺激透過皮膚和肌肉的關節活動，有聲

音與球的回饋，也將是很好的訓練遊戲。

三　撕貼的練習

貼紙的運用，可利用市面上所售的圓點貼紙，依其所需的造型，加以黏貼，皆是訓練手部的好素材。

四　拼的動作練習

市售的拼圖板亦是不錯的選擇，但是可以先由一片的嵌型板開始，接著是兩片拼圖板，對於操作上有困難的幼兒可以將部分的拼圖版先以固定雙面膠帶固定住，只剩下部分的拼圖，指導幼兒拼湊，以減低其困難度。待熟練後逐漸增加拼圖的數量。指導者更可以自製各種幼兒熟悉的圖片，以珍珠板黏貼在圖片的背面，再加以切割成拼圖，藉以增加幼兒的學習動機。

五　堆疊的動作

積木的堆疊，先從單純的往上堆疊、搭橋、再往複雜的積木仿砌進行。

六　移物的訓練

小肌肉訓練也可以將小物件自容器移至另一容器，剛開始用抓的，接著可以用食、姆指拿，再來則可用鐵夾子夾，等到能力更高了，則可訓練用筷子夾東西。

七　串的動作訓練

很多小朋友在學習串珠的過程，常常卡在換手拉線頭的部

分，因此開始教學時，可以先以細棒子替代線來學習穿的動作，接著再以棉線來串穿，但是在棉線的前端要以膠帶加以纏繞，增加其硬度，但是最後記得要將膠帶撤離，否則孩子的學習沒辦法有所精進。

八 剪的動作訓練

以卡紙剪成約 1 公分長條，在長條上畫上粗線條，要求學生在限定範圍內以剪刀或是線剪，將之一刀兩斷。但是對於手部功能略差，信心較不足之個案，則可以不要有範圍的限制，只要能剪斷即可，日後再逐漸增加長度與寬度，增加其難度，促使其更上一層樓。其他如壓、搓、撕等能力則可以適時加入學習的項目中。

總之，精細動作的內容包括抓、握、持、挾、戳、捻、按、放、拍、撥、剝、堆、套、投、插、轉、撕、折、摺、舀、倒、刨、搗、泡、擠、捏、擦、壓等動作，而能幫助提升這些技巧和其他用到手的技巧的最好方式，是對幼兒的需求提供廣泛的材料，掌握生活中的各種學習機會，例如：捻番薯葉、捻芹菜葉、切胡蘿蔔、切小黃瓜、擦桌子、幫忙拿東西、幫忙撕日曆……等。

教導精細動作必須注意的事項如下：

一 特殊幼兒比一般幼兒更需要的是適時的引導、情境的營造

視幼兒個別狀況製造或是改裝教具，例如：市面上有很多幼教的教具，可以加以簡化，或是加上一些想像力，將資源回收物

加以整理運用，往往可以達到意想不到的成效。

二✐與認知相輔相成

㈠精細動作與認知發展

　　精細動作與認知發展是緊密結合的，所以精細動作技巧進展較慢與認知發展也有很大的相關性，例如：未能在「未完成的人物圖片上加上四肢、頭髮或五官」表示孩子對自我認知的部分還是不夠的，雖然精細動作可以，但是卻不知道要畫在哪些地方，這時候的指導方向，認知的指導是必須要留意的重點。

㈡空間和補繪的概念

　　要用積木仿砌房子，孩子必須會使用三度空間的方法去思考；會把圖片中缺少的部分添加上去，也就是說，把圖片和記憶中物品的樣子在心裡做比較來發覺到底少了哪個部分，對於特殊幼兒來說是比較困難的，因為他同時也必須具備一定的認知程度，並且能夠控制鉛筆或彩色筆來補足缺少的部位。

三✐練習的次數也會影響精細動作的發展

　　充分的練習與操作，對於特殊幼兒的精細動作學習是有其必要性的。

四✐視覺運用的重要性

　　除了本身生理上的肌肉張力、肌耐力等原因之外，視覺的運用也會影響手眼協調，感覺的整合則會影響兩側協調，曾經在專

業聯合評估的過程中發現，有些特殊幼兒精細動作的表現和其實際的能力差距相當大，再加上使用視力的方式異於常態，於是建議家長等到眼科做詳細的檢查，才發現該幼兒有視力方面的問題，後來經過配戴眼鏡並做矯治，很快的便趕上一般發展的水平。

五　文化上的差異

民風的差異性也會影響操作方式，例如：歐美國家較常讓孩子接觸剪刀、沙子……等物品，間接的也增加孩子接觸與操弄這些物品的機會，而中國人較重視孩子寫字的文化，這些民族性同時也導致幼兒精細動作技巧有所差異性。

六　都市與鄉村的差異性

都市中父母很多是雙薪家庭，生活緊湊，往往為了趕時間，很多特殊兒童在學齡前必須具備的生活自理能力和精細動作能力，都一點一滴的被忙碌的雙親替代掉了。家長會認為，若要等孩子自己完成生活自理所必須具備的能力，往往會造成時間的浪費而影響生活作息，這種不正確的觀念往往會導致很多孩子在學習上的遲緩更加嚴重，家長不得不小心為要。

接下來便是精細動作教材與說明，其中很多的內容都是針對食指、中指和大拇指前三指的運用，對於家長或是早療從業人員的教學方向與技巧，必定有所助益。

2-1

教學目標	套的動作學習
教具名稱	套圈圈

相片紀錄

圖 2-1-1

圖 2-1-2

圖 2-1-3

圖 2-1-4

製作流程

材料：
1. 三色泡棉（廢紙盒亦可）。
2. 垃圾袋紙管，長度不同。
3. 三色卡典西德紙。
4. 報紙。

流程：
1. 將卡典西德紙把紙管全部包起來。
2. 紙管的另一端，加以密封。
3. 將報紙搓成長條狀。
4. 把兩端接起來變成一個圓。

5. 依需要分成大環和小環。

6. 將卡典西德紙剪成長條狀，將報紙的外圍包成有顏色的套環。

使用方法

1. 可以在適當的距離規定幼兒投擲的地方。

2. 依要求，同色的套環投在同色的架子上。

3. 也可以要求投擲在最低（或最高）的套架上。

4. 也可以要求投擲在中間的套架上。

5. 也可以要求投擲左邊的套架上。

6. 也可以要求投擲右邊的套架上。

7. 針對一些手部精細動作不佳的幼兒，還可以要求把三種不同顏色的塑膠片，分類放入三個紙管中，練習分類的動作。

8. 也可以拿出三個不同大小的套圈，依其要求把最大的或是最小的或是中的圈套進去該色的紙管上……。

9. 其他的玩法：

可以把玩具放在地上，在固定的地方套圈圈，比賽誰丟的比較遠，或是套到地上的玩具上，如此不僅練習遠近的概念，也可以練習對準目標丟擲。

其他如：可以把不同顏色的小物件放在不同顏色的圈圈裡面，學習顏色分類的概念，甚至可以在每一個圈圈裡面要幼兒放一個球，學習一對一的對應概念，再讓幼兒踢出去，練習踢的概念。

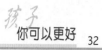

2-2

教學目標	堆疊的動作學習
教具名稱	圖 2-2-1：堆疊黏巴達；圖 2-2-4 和圖 2-2-6：堆排提示紙

相片紀錄

圖 2-2-1

圖 2-2-2

圖 2-2-3

圖 2-2-4

圖 2-2-5

圖 2-2-6

圖 2-2-7

圖 2-2-8

製作流程

圖 2-2-1 和圖 2-2-2 的圖示：
針對堆疊能力較差的幼兒或是挫折容忍度較低的幼兒。
1. 3 公分正立方體的木質積木。
2. 依次貼上黏扣帶母帶。
3. 另一端貼上黏扣帶子帶。
4. 依次堆疊上去。

圖 2-2-3 到圖 2-2-8：
針對以視覺線索為學習優勢的孩子。
1. 一般的影印紙。
2. 對摺成一半。
3. 在中間線的部分，依照所需要的直立堆疊或是橫式排列的方式，畫下空格。

使用方法

堆疊黏巴達：
1. 將積木放置在第一個積木的正上方。
2. 請幼兒直接拿積木。
3. 協助直接放在積木上面。
4. 逐漸降低積木的高度（幼兒必須拿起積木，再往上放到積木上）。
5. 最後把積木放在桌面上，由幼兒自行對準積木的上方堆疊上去。

堆排提示紙：
1. 將提示紙靠放在白板或是桌面有牆壁的地方。
2. 拿起積木依次擺放。
3. 若是橫放則可以告知，排一列火車。
4. 若是直立則可以告知，把積木堆高高。

注意事項：
　　缺乏動機的幼兒，為了增加其趣味性，可以以排列火車的方式，用食指一一的將積木推至桌面下，桌面下則可以拿一個鐵盒子盛放，透過掉下去的聲音回饋，增加其遊戲的價值。

2-3

教學目標	會在限定範圍內塗顏色
教具名稱	圖片鏤空板
準備材料	1. 厚紙板。 2. 美工刀。 3. 油性黑筆。

相片紀錄

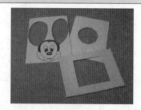

圖 2-3-1

製作流程

1. 在厚紙板上，畫上幼兒喜歡的圖片。
2. 依照圖片的特色，誇大其特質。
3. 再用美工刀將其特定位置割下來。
4. 若能夠護貝最好，比較容易保存。

使用方法

1. 將幼兒的圖畫套放在有色的色紙上。
2. 在黃色的紙上便可以告知：黃色的耳朵，若放在綠色的地方，便可以說綠色的耳朵。
3. 拿出另外一張紙。
4. 告訴幼兒，把耳朵畫在紙上並且塗上顏色。
5. 把鏤空板放在白色的紙上。
6. 伸出手指，依其鏤空的部位，觸摸一次。
7. 拿起彩色筆，讓幼兒能夠在內圍描繪一次。

8.拿起鏤空板，告訴幼兒，耳朵在紙上了。

9.接下來再把鏤空板依其線條的位置套回去。

10.在裡面塗顏色。

11.最後再依其進步的狀況給予協助上的撤除。

注意事項：

　　若幼兒已經能夠平順的塗畫時，則可以在平面上，以外框較粗的線，要求幼兒塗滿，待其熟練度更高時，再逐漸縮小線的寬度。（例如：◯→◯→◯，5mm→3mm→1mm）

2-4

教學目標	會串大珠子
教具名稱	串珠大會串

相片紀錄

圖 2-4-1

圖 2-4-2

圖 2-4-3

圖 2-4-4

製作流程

材質介紹：

圖 2-4-1：吸管。

圖 2-4-2：竹筷子和彩色珠。

圖 2-4-3：雪花片。

圖 2-4-4：彩色珠子和棉線。

使用方法

圖 2-4-1：

1. 先協助幼兒將吸管剪成小段小段。

2. 將棉線的一端綁住吸管。

*3.*可以依顏色做分類。

*4.*同色的棉線串同色的吸管。

圖 2-4-2：

*1.*在幼兒尚未能在協調下做串的動作時可使用此方法。

*2.*將彩色珠子經過竹筷子從右邊穿進去，再從另一端穿出來。

*3.*最後放在左邊的盤子中。

圖 2-4-3：

*1.*使用雪花片或其他有洞的教具。

*2.*線的一端先綁住雪花片。

*3.*逐一將雪花片穿過棉線。

圖 2-4-4：

*1.*將木珠做適當的整理。

*2.*剛開始穿的時候，先選擇底座為平滑和較薄的木珠，以利手指的抓握。

*3.*接下來再用球體的木珠。

*4.*最後再用橢圓形的長木珠，因為珠身較長比較不容易穿過去。

*5.*值得注意的是，繩頭部分要以透明膠帶纏繞，加強其硬度，容易穿過繩子。

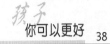
2-5

教學目標	能用雙手拔開和接合兩物
教具名稱	接合形狀板

相片紀錄

圖 2-5-1

圖 2-5-2

製作流程

圖 **2-5-1**：

1. 把相同形狀的兩塊積木圖形板做搭配。
2. 一塊黏貼子帶，一塊黏貼母帶，兩兩相接。

圖 **2-5-2**：

一般用手拔的小整理罐。

使用方法

圖 **2-5-1**：

1. 指導者要求幼兒把相黏貼的兩塊積木撕開。
2. 讓孩子比較——告知：「一樣的！」
3. 把一塊放在左邊托盤中，另一塊放在右邊的托盤中。
4. 接下來由指導者在其中一個托盤，拿起一塊積木。
5. 由幼兒在另一個托盤中找到相同的積木。
6. 加以黏貼。

圖 **2-5-2**：

罐子裡面裝幼兒喜歡的東西，讓孩子有機會與有意願來拔開。

2-6

教學目標	能打開或關上瓶罐
教具名稱	轉轉樂

相片紀錄

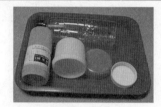

圖 2-6-1

圖 2-6-2

製作流程

1. 準備各式各樣的瓶瓶罐罐。
2. 瓶口大小不一樣的更好。

使用方法

1. 指導者在教學前，先將彈珠或是鈴鐺，放進去罐子中，搖晃發出聲音，引起動機。
2. 要求幼兒把桌面上的瓶瓶罐罐都轉開，看看裡面有什麼東西？
3. 接下來再找一找，哪個瓶蓋是哪個的！
4. 找到了之後，再把它蓋回去。
5. 第二次，指導者可以把不同的東西再放進去。
6. 把罐子藏在身後，搖晃發出聲音，讓幼兒猜猜看是什麼東西，引起興趣。
7. 請幼兒打開（指導者把罐子的下半部遮住，讓幼兒看不到真正的物件，所以必須打開才能知道），增強其動機。

2-7

教學目標	會舀東西
教具名稱	舀舀舀

相片紀錄

圖 2-7-1　　　　　　　　　　圖 2-7-2

製作流程

1. 不銹鋼碗
2. 湯匙和各式的可舀材料（彈珠、鈴鐺）

使用方法

注意事項：
　　舀的動作對於學齡前的幼兒是非常重要的，因為那是相當重要的功能性技能。對於手部精細動作較慢的幼兒，家長礙於其能力，每餐的進食往往用餵食的方式，無形之間更加剝奪了孩子的學習機會。

　　更何況每日三次的練習，對於特殊幼兒而言，練習的頻率還是不夠，因此在這種狀況之下，個人會建議，平日準備不銹鋼的平底碗兩個，一支湯匙，內容物的選擇，則可以選擇彩色石頭、沙子、彈珠、小方塊、小木珠、小橡皮擦、……，只要能引起幼兒的興趣，皆可以選擇，但是要考量到幼兒的心智年齡，必須以安全為第一考量要點，以免誤食造成遺憾！

其他：
　　點心的給予也可以配合舀的動作，增強自己進食的動機，例如：小饅頭；教導幼兒以湯匙進食，綠豆湯、麥片粥、……，皆可以營造其學習的機會；蘋果切成丁狀，讓幼兒可以用舀的方式，偶爾也可以變換其形式，打成果汁、切成一大片用手拿、切成一半用啃的、或是切成丁狀用叉子叉、或是用牙籤叉起來吃。

2-8

教學目標	貼紙的撕貼練習
教具名稱	線線相連 v.s.蓋／撕／貼／剪／一氣呵成

相片紀錄

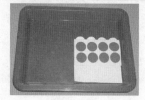

圖 2-8-1

圖 2-8-2

圖 2-8-3

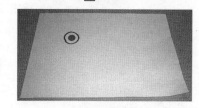

圖 2-8-4

圖 2-8-5

圖 2-8-6

圖 2-8-7

圖 2-8-8

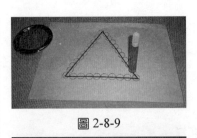
圖 2-8-9

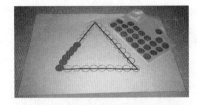
圖 2-8-10

圖 2-8-11

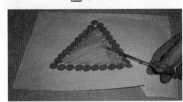
圖 2-8-12

使用方法

活動一：圖 **2-8-3** 到圖 **2-8-7** 的教材。

1. 先畫一個圓圈。

2. 由幼兒在圓圈中貼上一張貼紙。

3. 接連再由指導者畫一圈。

4. 幼兒再貼一張貼紙。

5. 每次所貼的貼紙由指導者指示，若要加上顏色的認識，則可以視狀況給予。

6. 若要加上點線畫的技能，則可以視狀況給予兩兩同顏色的貼紙。

7. 最後再連起來。

注意事項：有些幼兒在剛開始，沒辦法自平面上把紙摳起來，這時候便需
要先給予協助，掀開貼紙的一邊，再讓幼兒撕下來，往往透過
協助，增強了幼兒的學習意願。

活動二：圖 **2-8-8** 到圖 **2-8-12**。

1. 在三角形上，以彩色筆蓋，蓋上印泥，依序蓋滿成為一個三角形狀。

2. 要求幼兒一一的貼上貼紙。

3. 拿出彩色筆。

4. 在限定的範圍內塗顏色。

5. 最後再拿剪刀剪下來。

6. 以上的步驟若幼兒的能力尚未建構，則可以以部分協助的方式完成，提
供不同的學習經驗。

2-9

教學目標	會打開小包裝
教具名稱	糖果在哪裡？

相片紀錄

圖 2-9-1

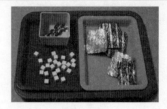

圖 2-9-2

製作流程

1. 塑膠小方塊和鮪魚糖果適量。
2. 把全部的小方塊和鮪魚糖果以鋁箔糖果紙包裹。
3. 每一個包好的鋁箔糖果，放進去小的夾鍊袋中。
4. 放進去大的塑膠罐中。

使用方法

1. 請小朋友吃鮪魚糖果。
2. 告訴小朋友，在大的塑膠罐中有很多鮪魚糖果。
3. 請小朋友轉開罐子。
4. 把裡面的糖果一一拿出來。
5. 每一顆糖果都是用夾鍊袋包裝起來的。
6. 教小朋友打開夾鍊袋的策略。
7. 把糖果拿出來，轉開糖果紙，把裡面的糖果拿出來。
8. 加入塑膠小方塊，分辨是否為真正的鮪魚糖？若是，就可以吃，若不是，就要放在托盤中。
9. 最後要求小朋友一一的把糖果紙包回去。
10. 再用夾鍊袋包起來，恢復原狀。

2-10

教學目標	會做點線畫
教具名稱	接下來該連哪一條？

相片紀錄

圖 2-10-1

圖 2-10-2

圖 2-10-3

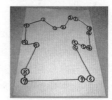

圖 2-10-4

圖 2-10-5

圖 2-10-6

圖 2-10-7

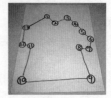

圖 2-10-8

使用方法

圖 2-10-1、圖 2-10-2：
以虛線的方式，要求幼兒依序連起來。

圖 2-10-3、圖 2-10-4：
按照兩個相同的數字連起來：
① ①—② ②—③ ③—④ ④—⑤ ⑤—⑥

圖 2-10-5、圖 2-10-6：
按照圖片上方的要求，以不規則的順序連起來：
③—⑦—⑧—⑥—⑤—④—⑨—①—②—⑩。

圖 2-10-7、圖 2-10-8：
依照順序①—⑩連起來。

注意事項：

　　教學生點線畫的過程中，剛開始也可以以紅色貼紙近距離的貼好，再要求學生將兩點之間的距離連起來，接下來再逐漸延長兩端的距離，當學生漸漸的了解要在提示的地方連起來的時候，接下來便可以以虛線加以連結，而且在適當的地方加上紅色貼紙，當作孩子的視覺線索。

　　點線畫的題材可以視孩子的興趣而定，由較多的協助再逐漸減少，由簡單的畫再到複雜的畫。其中正如上圖所示，可以視孩子的狀況加上不同的條件，加以連結，增加其趣味性。

作業單（一）　點線畫

作業單（二）　點線畫

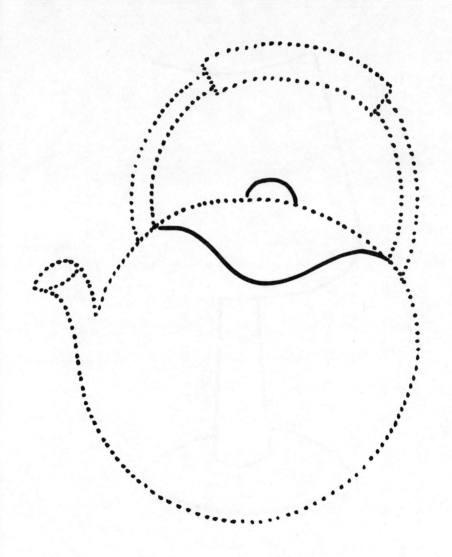

作業單（三）　　點線畫

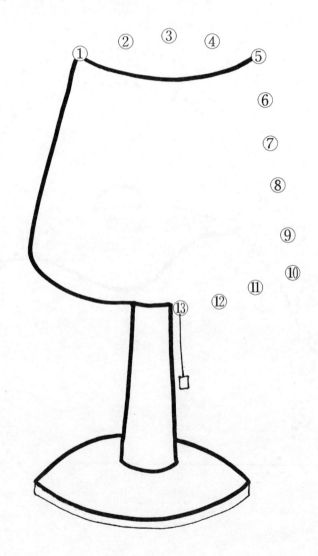

作業單　（四）　點線畫

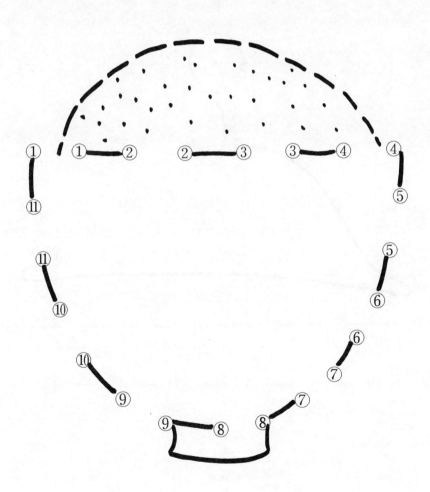

作業單（五）　點線畫

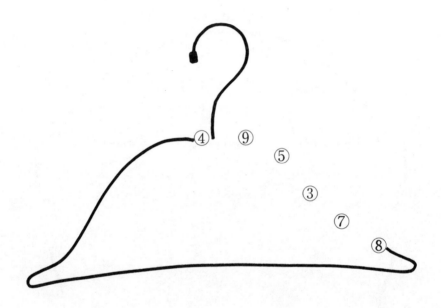

④ ⟶ ⑨ ⟶ ⑤ ⟶ ③ ⟶ ⑦ ⟶ ⑧

作業單 （六） 點線畫

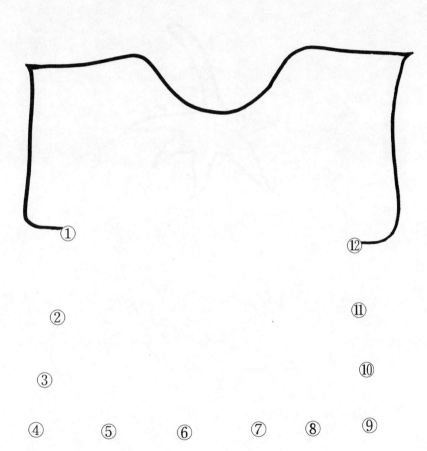

作業單（七）　點線畫

作業單 （八） 點線畫

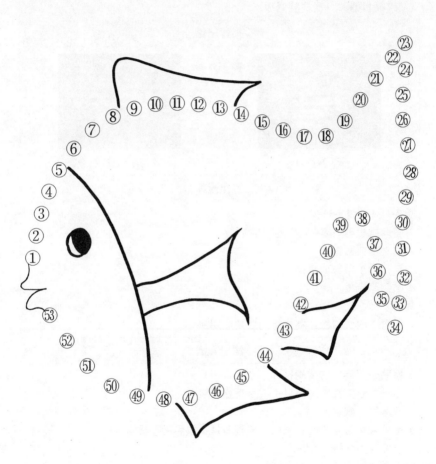

2-11

教學目標	會在兩條線段內畫線
教具名稱	橫線觸覺板

相片紀錄

圖 2-11-1

圖 2-11-2

製作流程

圖 2-11-1、圖 2-11-2：

1. 將厚紙板剪成 A4 大小的規格。
2. 貼上卡典西德。
3. 黏扣帶子帶剪成長條狀。
4. 貼到厚紙板上。

其他：

子帶可以改成砂紙作為橫線的觸摸之用。

使用方法

1. 協助幼兒伸出右手兩指（食指和中指）。
2. 自左而右依次將圖 2-11-1 以手指畫橫線。
3. 一邊說：橫線。
4. 接下來也是自左而右，依次將圖 2-11-2 以手指畫橫線。
5. 一邊說：橫線。
6. 告訴幼兒剛才摸的都是橫的。
7. 接下來再扶著幼兒的手在紙上畫橫線。
8. 完成紙上作業單。

附件：橫線作業單

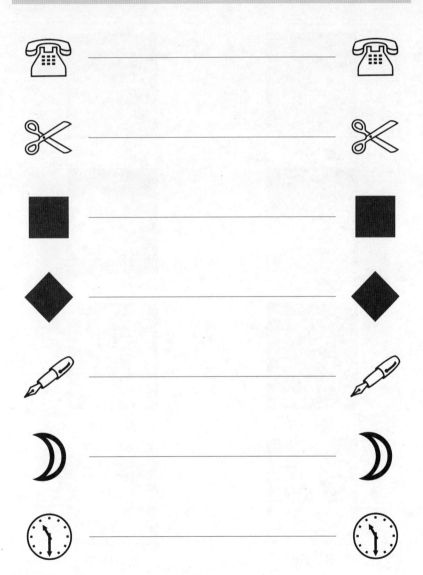

以線條為主的練習

圖 2-11-3

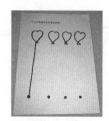

圖 2-11-4

圖 2-11-5

圖 2-11-6

圖 2-11-7

圖 2-11-8

圖 2-11-9

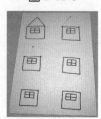

圖 2-11-10

圖 2-11-11

圖 2-11-12

圖 2-11-13

圖 2-11-14

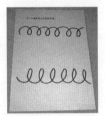

圖 2-11-15

圖 2-11-16

圖 2-11-17

圖 2-11-18

圖 2-11-19

圖 2-11-20

圖 2-11-21

圖 2-11-22

圖 2-11-23

圖 2-11-24

圖 2-11-25

圖片說明

圖 2-11-3 點的遊戲	圖 2-11-4 直線的練習	圖 2-11-5 橫線的練習	圖 2-11-6 圓的練習
圖 2-11-7 ＋的練習	圖 2-11-8 □的練習	圖 2-11-9 斜線的練習	圖 2-11-10 △的練習
圖 2-11-11 菱形的練習	圖 2-11-12 鋸齒狀線條練習	圖 2-11-13 山形線條練習	圖 2-11-14 漩渦線條練習
圖 2-11-15 螺旋線的練習	圖 2-11-16 漩渦線條練習	圖 2-11-17 連續螺旋線練習	圖 2-11-18 波浪線條練習
圖 2-11-19 手指補繪練習	圖 2-11-20 水壺手把補繪練習	圖 2-11-21 眉毛補繪練習	圖 2-11-22 手錶的短針補繪練習
圖 2-11-23 汽車輪胎補繪練習	圖 2-11-24 眼鏡架的補繪練習	圖 2-11-25 鈴鐺的鐵珠補繪	

使用方法

菱形的繪圖練習：（圖 2-11-11 的先備能力）

1. 定位的地方，貼上四張貼紙。
2. 並要求幼兒觸摸。
3. 再依次循著線段的方向貼滿貼紙。
4. 以食指和中指觸摸菱形的外輪廓。
5. 在菱形的輪廓內側，以彩色筆沿邊緣畫菱形。
6. 在限定範圍內塗上顏色。
7. 以剪刀剪下來一個菱形。

其他形狀的練習：

　　對於不同類別和不同學習優勢的孩子，在學習畫形狀的時候，必須要留意的是，視其最佳的學習途徑，設計可以接受的方式。

　　例如：觸覺優勢的孩子，可以以砂紙的剪貼、鏤空板的觸摸來學習。視覺優勢的孩子，則可以以畫虛線的方式，引導其學習，對於補繪的練習，必須幼兒已經有真正的物品概念後，才有辦法補繪。

作業單（一）　補繪練習

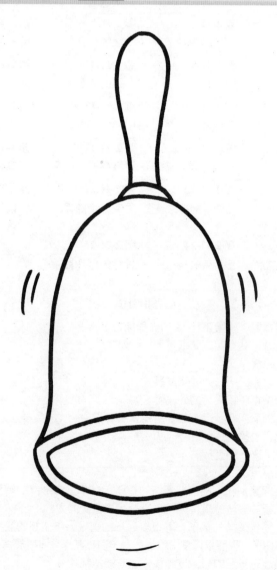

作業單（二）　補繪練習

作業單（三）　補繪練習

作業單（四）　補繪練習

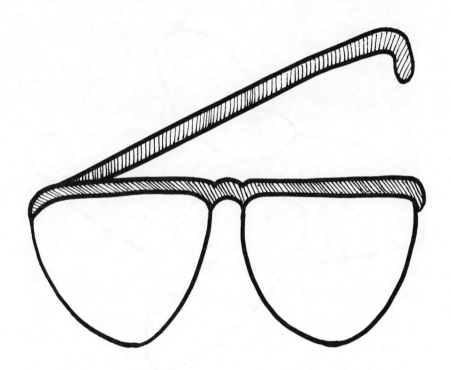

作業單（五） 補繪練習

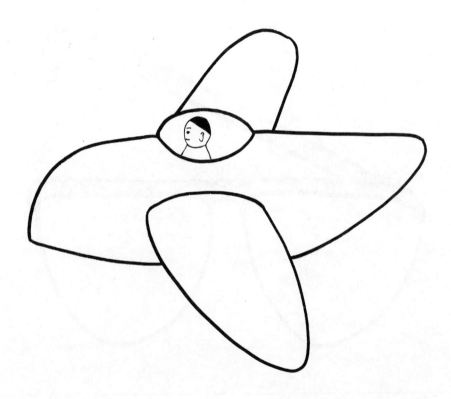

作業單（六）　補繪練習

作業單（七）　補繪練習

作業單（八）　補繪練習

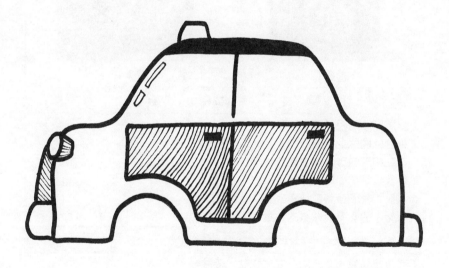

2-12

教學目標	會撕貼黏扣帶
教具名稱	一帶接一帶

相片紀錄

圖 2-12-1

圖 2-12-2

製作流程

1. 資源回收的粗紙管。

2. 紙管外圍貼上卡典西德。

3. 以黏扣帶的母帶貼上直線。

4. 每條直線中間貼上貼紙。

5. 以黏扣帶子帶剪裁成 4 公分的小帶子數片。

6. 小帶子的數量與貼紙的數量相同。

使用方法

1. 可以讓幼兒一對一的方式，把黏扣帶黏好。

2. 也可以在部分的地方貼上黏扣帶，請幼兒找尋沒有貼到的貼紙，學習檢查的技能。

3. 在貼的過程中，可以請幼兒算算看，已經貼多少塊了，還剩下多少塊？

4. 練習數數與點數。

2-13

教學目標	會對齊摺紙
教具名稱	摺紙練習板

相片紀錄

圖 2-13-1

圖 2-13-2

圖 2-13-3

圖 2-13-4

圖 2-13-5

圖 2-13-6

製作流程

圖 2-13-1：

1. 以珍珠板為底。

2. 頂邊放一塊薄泡棉。

3.剪裁成適當的圖樣。
4.以雙面膠加以黏貼。
5.使其泡棉和珍珠板間有差距。

使用方法

1.拿出一張色紙。
2.頂住珍珠板處。
3.往上摺。
4.壓住色紙。
5.抹平。

製作流程

圖 2-13-2、圖 2-13-3、圖 2-13-4：
1.使用較厚的泡棉。
2.依照色紙的寬度插兩根釘子。
3.色紙的四個角落，也打上一個洞。
其他：
色紙的厚度可以做成兩色的或是三色的色紙，以利摺疊時的提示之用。

使用方法

1.拿出一張色紙。
2.找到泡棉的兩個洞。
3.套上去。
4.了解對齊的概念。

製作流程

圖 2-13-5：
1.色紙一張。
2.在一端貼上一張漂亮的有厚度貼紙。
3.色紙的底部的對面端也貼上同樣的貼紙。

使用方法

1.觸摸貼紙。
2.觸摸另一端之貼紙。
3.對角摺過去。
4.兩邊重合。

製作流程
圖 2-13-6：

1. 不同色的色紙數張。
2. 顏色較深的一張裁成一半。
3. 貼在淺色的色紙一半之處。
4. 依幼兒的程度，可以再拿另一張色紙，裁成 $\frac{1}{4}$ 的大小，貼在已經貼有半張色紙的色紙上（ ▢ → ▢ → ▢ ）。

使用方法

1. 不會摺半的小朋友，可以先從貼半張色紙開始。
2. 待其會摺半之後，再學習對摺再對摺的技能。

2-14

教學目標	會做食指按壓的動作
教具名稱	圖 2-14-1；壓咚罐。圖 2-14-2：簡易投幣盒

相片紀錄

圖 2-14-1

圖 2-14-2

製作流程

圖 2-14-1：

1. 一般的罐子，蓋子為塑膠製作。
2. 在蓋子部分剪下一個小洞。
3. 讓彈珠剛剛好可以擺在洞口上。

圖 2-14-2：

1. 低鈉鹽的空罐。
2. 蓋子上面割開成投幣口。
3. 以卡典西德紙或是色紙，將罐身貼上顏色。

使用方法

圖 2-14-1：

1. 將彈珠一一的放在小圓洞上。
2. 伸出食指加以按壓。
3. 左手拿彈珠。
4. 右手食指按壓。
5. 換手，右手拿彈珠。
6. 左手按壓。

圖 2-14-2：

依照顏色做分類並將之投入罐子中。

2-15

教學目標	會做夾的動作
教具名稱	夾子大會串

相片紀錄

圖 2-15-1

圖 2-15-2

圖 2-15-3

圖 2-15-4

圖 2-15-5

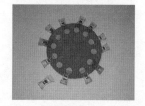

圖 2-15-6

使用方法

活動：
視幼兒的能力，提供不同的衣夾子，以訓練其前三指的靈活度。

2-16

教學目標	會使用大型夾子夾物
教具名稱	大家一起夾一夾！

相片紀錄

圖 2-16-1

圖 2-16-2

圖 2-16-3

圖 2-16-4

圖 2-16-5

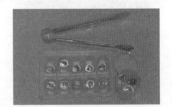

圖 2-16-6

製作流程

活動：

　　視幼兒的能力與興趣，給予以上圖示之材質物件，訓練夾的動作，同時也可以搭配其他的教學目標來訓練夾的動作，增加活動的趣味性。

2-17

教學目標	會做撕紙的動作
教具名稱	撕紙視覺提示點

相片紀錄

圖 2-17-1

圖 2-17-2

圖 2-17-3

圖 2-17-4

製作流程

1. 根據幼兒手指的力道來決定其貼紙貼的距離。
2. 若幼兒在貼紙的提示下已經有概念，則可以把提示換為鉛筆的小圓提示，最後再撤除。

使用方法

1. 剛開始先把一張紙對摺使之有摺痕。
2. 接下來以貼紙按照順序貼下來。
3. 在協助下告知幼兒，要撕紙的時候，慢慢的移動兩邊的手指，最後再將之完成。
4. 要注意的是，右手的拿法和使力往往是撕得好與否的關鍵點，要多加練習，若是左撇子，則方向相反。

2-18

教學目標	會使用膠水、漿糊黏貼
準備材料	膠水的種類：1.長條形膠水或2.短膠水或3.口紅膠

相片紀錄

圖 2-18-1

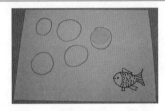

圖 2-18-2

圖 2-18-3

製作流程

1. 依照幼兒喜歡的圖樣為主。
2. 依照圖形的概況剪下來所需的圖案。

使用方法

1. 剛開始的時候可以用口紅膠來塗滿圖形空白的部分，否則有很多幼兒都會使力不當，讓膠水流太多。
2. 接下來當幼兒的能力慢慢提升之後，再更改為一般的小罐膠水。
3. 裝在膠水裡面的量不要太多，以免幼兒擠壓過當。
4. 待熟練之後，再教導幼兒在色紙的背面塗上膠水，貼到適當的地方。

其他：

剛開始的時候也可以先在白紙的圖形輪廓內塗膠水，再把色紙放上去。

2-19

教學目標	剪的動作學習
教具名稱	各式各樣的剪刀組

相片紀錄

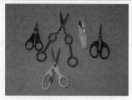

圖 2-19-1

圖 2-19-2

圖 2-19-3

圖 2-19-4

圖 2-19-5

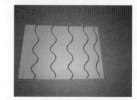

圖 2-19-6

圖 2-19-7

圖 2-19-8

使用方法

※剪刀的選用必須視幼兒的能力來選擇，剛開始紙卡的選擇不能太軟，否則幼兒無法抓握。

1. 剛開始由 1 公分的小紙卡開始剪。
2. 使用剪線剪，一刀兩斷。
3. 接下來再延長紙卡的長度。
4. 由 5 公分到 8 公分再到 15 公分。
5. 接下來由圖 2-19-3 到圖 2-19-8，依序練習剪。
6. 剪圓形的能力則可以參考圓形夾子輔助蓋（見 2-20），來協助完成。
7. 利用日常生活中的情境來練習剪的功能性技能，例如：剪餅乾袋、糖果小包裝口袋、……。
8. 利用幼兒喜歡的圖案，操作剪貼的工作，增加其工作的興趣。
9. 最後選出比較簡單的圖形，要求幼兒剪下來。

備註：

　　範例㈡～範例㈥的圖，若孩子無法依線條剪，則可以先在線條與線條的中間範圍剪，最後再依線條剪。

範 例 一

剪一公分的紙條

剪五公分的紙條

剪八公分的紙條

範例二

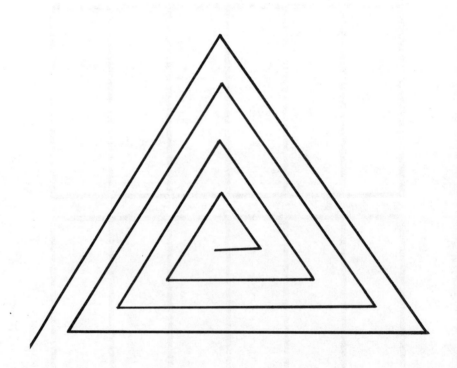

範例三

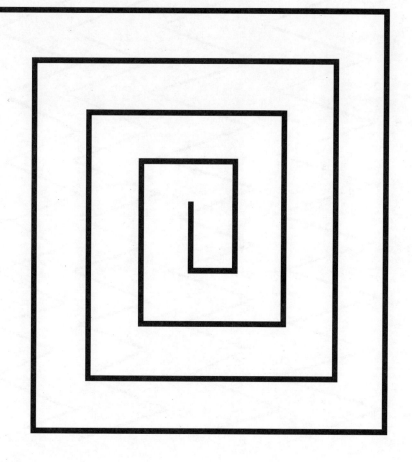

範 例 四

範例五

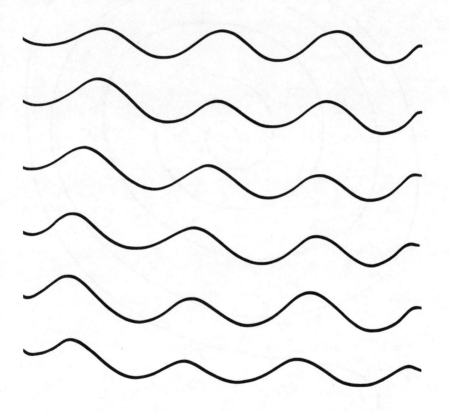

範 例 六

範 例 七

範 例 八

2-20

教學目標	會沿著圓形剪
教具名稱	圓形夾板輔助蓋

相片紀錄

圖 2-20-1

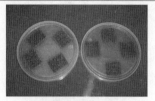

圖 2-20-2

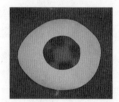

圖 2-20-3

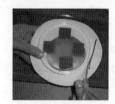

圖 2-20-4

圖 2-20-5

圖 2-20-6

圖 2-20-7

圖 2-20-8

製作流程

圖 2-20-1：
1. 普通的影印紙，剪成環狀。
2. 茶葉罐或牛奶罐的塑膠蓋，相同大小的兩個。
3. 各貼上黏扣帶子帶和母帶。
4. 把紙張夾在蓋子的中間。
5. 完成。

圖 2-20-2：
1. 相同的塑膠蓋子。
2. 把紙張夾在中間。
3. 以長尾夾夾住一端。
4. 把尾巴往內摺至中間。
5. 完成。

使用方法

1. 可以練習將蓋子放在紙上。
2. 依其外圍描繪一個圓圈。
3. 把蓋子依照圓圈放在紙張上。
4. 貼好。
5. 要求幼兒拿起剪刀剪下來一個圓。
6. 剛開始的時候必須配合指令—剪—停—換位置。
7. 換位置的意思是，左手必須往下挪。

注意事項：
1. 練習剪圓形最大的困擾是左、右手的挪移與搭配問題。
2. 讓孩子利用輔具來協助，當孩子熟悉此雙手的配合與運用時，便可以撤除輔具的協助。

2-21

教學目標	會自己戴手套
教具名稱	彩色手指對對碰

相片紀錄

圖 2-21-1

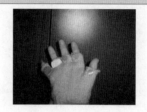

圖 2-21-2

製作流程

1. 一般的露指手套。
2. 手指的前後都貼上貼紙。
3. 把每一根手指的貼紙和同部位的手套套口，貼上相同的貼紙。

使用方法

1. 確定手掌的前面或後面。
2. 一手先做尖嘴狀。
3. 至手套口的部位撐開。
4. 一一檢視每一根手指頭和手套的顏色是否相同。
5. 把錯誤的地方一一的做修正，看看是否一根手指住一個家。
6. 結束。

教學目標	會剝食物的外皮或外殼
教具名稱	剝皮練習器

相片紀錄

圖 2-22-1

圖 2-22-2

圖 2-22-3

圖 2-22-4

製作流程

1. 飲料小空罐。
2. 先剪黏扣帶子帶，成長條狀，貼在瓶身。
3. 黏扣帶母帶，裁成比罐口多出 2 公分。
4. 兩面接合，成為長條黏扣帶母帶。
5. 將兩邊的黏扣帶貼到罐子上的子帶上。
6. 完成。

使用方法

1. 貼好的罐子，要求幼兒一一將之撕下來，由上而下。
2. 若不易抓握，瓶身也可以翻轉以利抓握之便。

2-23

教學目標	會打蝴蝶結
教具名稱	蝴蝶結提示卡

相片紀錄

圖 2-23-1

圖 2-23-2

圖 2-23-3

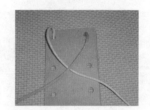

圖 2-23-4

圖 2-23-5

圖 2-23-6

製作流程

1. 以厚紙板打洞。
2. 左邊和右邊的棉繩顏色不同。
3. 依照圖示，加上口訣：打叉叉、過山洞、拉、抓兩個耳朵、打叉叉、過山洞、拉兩個耳朵，結束。

2-24

教學目標	會做五指的分與合
教具名稱	五指分合版

相片紀錄

圖 2-24-1

圖 2-24-2

圖 2-24-3

圖 2-24-4

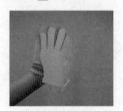

圖 2-24-5

圖 2-24-6

製作流程

1. 一般有顏色的色紙。
2. 畫出左右邊的手指圖形。
3. 護貝。

4. 依其指形的最大外圍，剪成弧狀。

5. 貼上黏扣帶子帶（指尖和手掌的部位）。

使用方法

1. 示範給幼兒看，一的比法。

2. 若幼兒尚未有概念，則可以在協助下，請幼兒先將食指伸出來，按在手指的模型上的子帶部分。

3. 把其他手指收起來。

4. 若幼兒不排斥戴手套，亦可以藉機練習戴手套，再把其他四指收起來，貼在手掌紙模型上，這時候的黏扣帶便會貼上手套，幫助孩子固定手指，增加成功的經驗。

2-25

教學目標	五指的按壓練習
教具名稱	手指按壓輔助板——同心協力

相片紀錄

圖 2-25-1

圖 2-25-2

圖 2-25-3

圖 2-25-4

圖 2-25-5

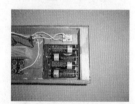

圖 2-25-6

圖 2-25-7

圖 2-25-8

圖 2-25-9

圖 2-25-10

圖 2-25-11

圖 2-25-12

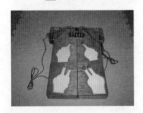

圖 2-25-13

圖 2-25-14

製作流程

圖 2-25-1：
木箱外觀：長 82 公分，寬 36 公分，高 8.5 公分。

圖 2-25-2：
分成三個部分，三個拉門：28cm×37cm。

圖 2-25-3：
十個內盒，一個電源插頭座。

圖 2-25-4：
電源插座的正面圖。

圖 2-25-5：
電源插座的背面圖。

圖 **2-25-6**：
電池盒的裝設——兩組。

圖 **2-25-7**：
電池盒的外接電源線。

圖 **2-25-8**：
每個內盒尺寸：長寬是 13cm × 16cm，高是 4 公分。

圖 **2-25-9**：
內盒正面。

圖 **2-25-10**：
手指模型卡撕下來，只留黏扣帶子帶。

圖 **2-25-11**：
已經帶好手套按壓的圖示。

圖 **2-25-12**：
側面圖，除了三指在按鈕上外，其餘兩指已經被黏扣帶固定住。

圖 **2-25-13**：
不同的指印組合。

圖 **2-25-14**：
使用的概況圖示。

使用方法

1. 先玩五指的分與合的遊戲之後。

2. 對於手指的數數有概念。

3. 再引導至輔助板的地方。

4. 接上電源之後（若在外面則必須準備八顆電池備用）。

5. 先以一個手指模型組做示範，透過按壓有聲音的回饋，引起幼兒的興趣。

6. 再換幼兒做按壓學習。

2-26

教學目標	會做彈指的動作
教具名稱	彈指的策略練習

相片紀錄

圖 2-26-1

圖 2-26-2

圖 2-26-3

圖 2-26-4

使用方法

1. 依照幼兒的能力，選擇不同大小的物件。
2. 在同一個距離下。
3. 依次彈出。
4. 比較哪一個比較遠。
5. 可以強化遠近的概念。

其他：

　　要教導幼兒堆疊積木時，幼兒會有固著的行為，只願意橫向排列，尤其是自閉症的幼兒。這時候，適當的強化行為的回饋是有必要的，也就是讓幼兒清楚的知道，如果把積木堆高，就可以彈指把積木一一的彈到桌面上，增加遊戲的樂趣。

注意事項：

1. 幼兒不知道如何做彈指的動作時，個人會在大拇指和食指的指甲上，塗上蔻丹或是貼上紅色貼紙，以利兩指的正確擺放（如圖 2-26-1）。

2. 有些幼兒，在做彈出的動作時，會以食指指尖的側邊，作為彈出的著力點，這是不正確的方式；正確的方式是，以指尖的部分才是正確的選擇，這時候可以在食指的指甲部分塗上乳液，要求幼兒以大拇指的指腹，將乳液塗抹其他三指，藉以練習大拇指的靈巧度。

3. 某些幼兒也會以食指的指腹為著力點，大拇指的指尖做彈的動作，只要能完成彈出的動作，都是可以接受的。

4. 可以用大拇指和其他的四指，一一對點。很多幼兒根本沒有概念，於是個人會在食指的指腹寫上 1，中指寫上 2，無名指寫上 3，最後在小拇指上寫上 4。教導幼兒一邊唸一邊做動作 1—2—3—4—，到最後一個動作，整個手掌張開，並且唸 5！

2-27

教學目標	會使用筷子
教具名稱	夾物訓練組合

相片紀錄

圖 2-27-1

圖 2-27-2

圖 2-27-3

圖 2-27-4

製作流程

1. 一般的筷子，視孩子的狀況給予方形的筷子有利其抓握。
2. 在適當的位置綑上橡皮筋，有些孩子若會玩橡皮筋，也可以考慮其他東西，例如：黏扣帶母帶或是有顏色的貼紙（只做視覺提示之用）。
3. 材質方面：圖 2-27-1 是軟性泡棉、圖 2-27-2 是塑膠小方塊，圖 2-27-3 是剪斷的橡皮筋，圖 2-27-4 是 15 公分的彩色棉線。

使用方法

1. 先找到孩子的起點行為，若其能力尚未具備以夾子夾物件的能力，則必須暫緩以筷子夾物的練習，否則過於艱難的教學會導致孩子的挫折。
2. 找到孩子的正確握筷子處。

3. 夾物件的流程是，先從圖 2-27-1 開始，從比較簡單的物件開始夾，再逐漸到困難的圖 2-27-2—圖 2-27-3—圖 2-27-4。

注意事項：

1. 訓練拿筷子的過程中，必須涵蓋食指和中指的夾物練習。
2. 例如：對於一個對音樂有興趣的幼兒，把筷子夾在食指和中指之間，以兒歌的方式，輕敲兩端，先輕輕的敲，再逐漸用力敲。
3. 如果沒夾好，讓筷子掉下來，則兒歌就必須中斷。
4. 藉此加強孩子兩指的力量。
5. 有的幼兒受限於肢體的困難，則可以考慮找筷子的輔具，或是以湯匙代替進食的功能。

2-28

教學目標	會用尺畫線

相片紀錄

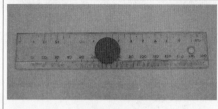

圖 2-28-1

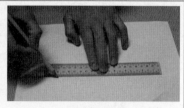

圖 2-28-2

製作流程

1. 一般的透明尺，不要太花俏。
2. 在尺的中心點貼上貼紙。

使用方法

1. 對準要畫線的地方。
2. 一手壓住紅色的貼紙。
3. 一手拿筆。
4. 畫線。

注意事項：

　　很多坊間的連連看作業單沒有標的，所以常常讓孩子無所適從，最好的方法是，在圖形的旁邊畫上點，讓孩子能夠把兩端以點對點的方式完成作業單（如範例），熟悉之後，再以一般的作業單練習。

作業單使用流程：

　　把左邊的圖形旁邊的點圈起來──再把右邊的點圈起來──把尺對準兩邊的點並放好──手壓住紅色貼紙──畫線──檢查是否正確。

範例一　連連看作業單

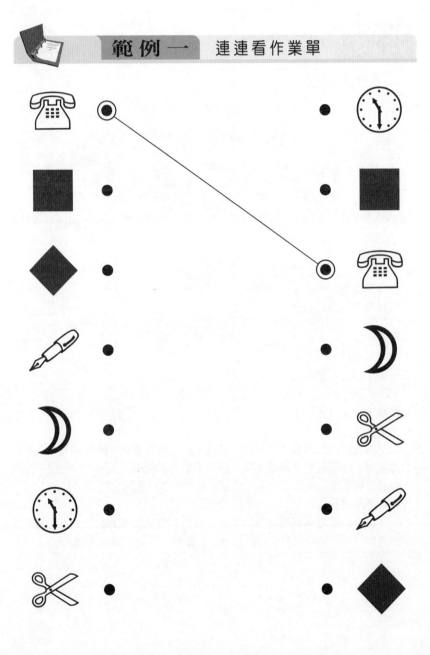

範例二 連連看作業單

2-29

教學目標	會畫人
教具名稱	人形鏤空描繪圖

相片紀錄

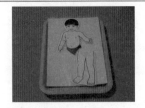

圖 2-29-1

圖 2-29-2

製作流程

圖 2-29-1：
1. 將人形畫在白紙上。
2. 剪下來。
3. 加以護貝。
4. 依照人形的外形剪下來。
5. 將腳的部位剪下來。
6. 另外依照以上的步驟，將手的部位剪下來。
7. 先透過「會替未完成的人形添加手腳」的操作練習，再學習人形的描繪與仿畫。

圖 2-29-2：
1. 兩張厚紙板。
2. 一張紅色的厚紙板當作底。
3. 另一張厚紙板上面依次畫好線條圖。
4. 以美工刀切割下來。
5. 再貼到紅色的紙板上。

使用方法

1. 請小朋友照鏡子。

2.看著鏡子中的自己，依次摸摸自己的頭、手、身體、腳。

3.玩頭—肩膀—膝蓋—腳趾的遊戲。

4.接下來請小朋友把教材中的人物所欠缺的部分貼補上去。

5.接下來再把人物教材中的雙手貼補上去。

6.把圖 2-29-2 的人形拿出來。

7.要求幼兒依次觸摸。

8.一邊說出該處的名稱。

9.最後才到紙上畫出人形。

注意事項：

　　有些小朋友對於本體的概念並不清楚，也導致自我形象的認知不足，這時候可以透過歌曲或是以貼紙貼在幼兒的身上，讓幼兒找出來身體的部位。

　　例如：在手背的地方，貼一張紅色貼紙，在肩膀也貼一張貼紙，然後再要求幼兒從肩膀的貼紙，沿路摸到自己的手背，然後告訴幼兒，這是手，其他部位亦然。

　　最後才能要求幼兒在紙上畫出一個人！

2-30

教學目標	會畫簡單的圖畫
教具名稱	簡單示範圖形

相片紀錄

圖 2-30-1

圖 2-30-2

圖 2-30-3

圖 2-30-4

圖 2-30-5

圖 2-30-6

指導方法

太陽（圖 2-30-1）：

1. 先畫一個圓圈圈。

2. 在圓圈的外圍依照環狀點上有色的小點。

3. 要求幼兒將點和大圓圈上的線，連起來。

4. 太陽就完成了。

花（圖 **2-30-2**）：

1. 先點一個點。

2. 請幼兒畫一個大圓圈。

3. 接下來在沿著大圓圈的外圍，依次點上數個小點。

4. 要求幼兒依照每個點的位置，畫圓圈。

5. 變成一朵美麗的花朵。

花（圖 **2-30-3**）：

1. 先畫一個大圓。

2. 在圓上點上小點。

3. 接下來要求幼兒依照點的位置畫成一個一個的弧形。

4. 完成。

漩渦棒棒糖（圖 **2-30-4**）：

1. 剛開始把漩渦圖形先畫好。

2. 幼兒畫直線即可。

3. 接下來可以畫虛線的方式畫好漩渦。

4. 要求幼兒沿著虛線把圖畫完成。

5. 最後再逐步撤除其協助。

樹（圖 **2-30-5**）：

1. 有畫正方形的經驗後。

2. 先要求畫一個長方形。

3. 在長方形的左右側各點兩個點。

4. 依照環狀的方式點上數個點。

5. 依照順序畫上弧線做連接。

6. 一棵樹便完成了。

樹（圖 **2-30-6**）：

1. 有畫三角形的經驗後。

2. 先要求畫一個三角形。

3. 在三角形的左右側各點兩個點。

4. 依照環狀的方式點上數個點。

5. 依照順序畫上弧線做連接。

6. 一棵樹便完成了。

作業單（一）　太陽（請放大使用）

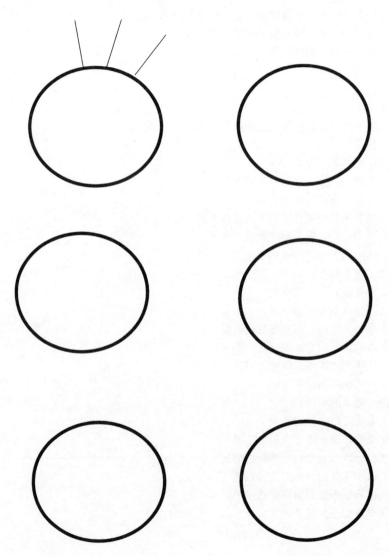

作業單 （二） 美麗的花

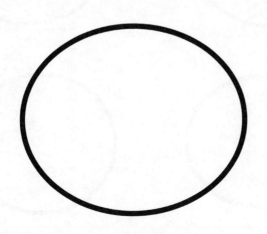

作業單（三） 美麗的花

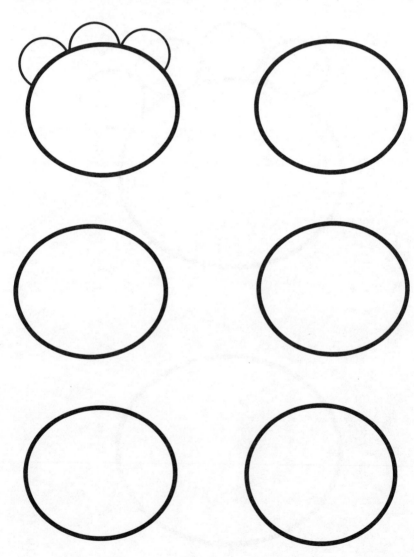

作業單（四） 棒棒糖

作業單（五）　一棵樹

作業單（六） 一棵樹

 作業單（七）　寫前練習單

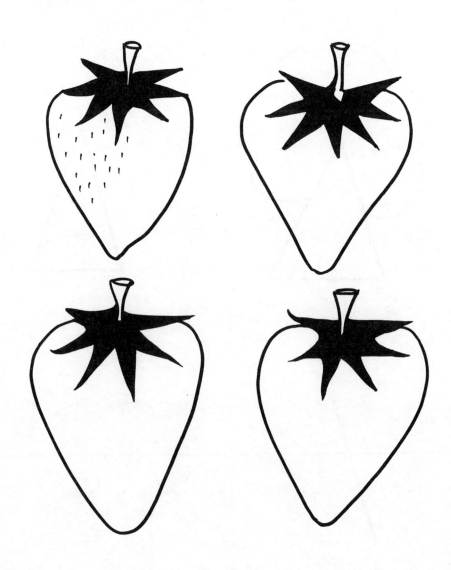

作業單（八）

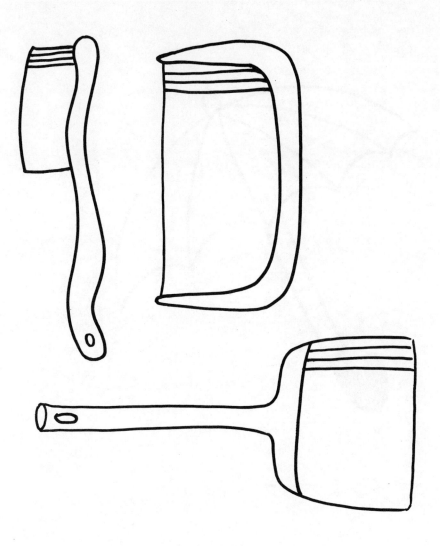

作業單（九）

作業單（十）

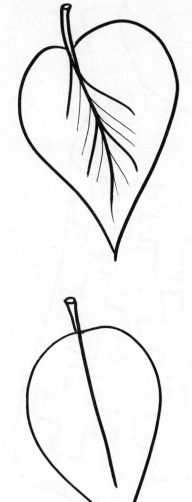

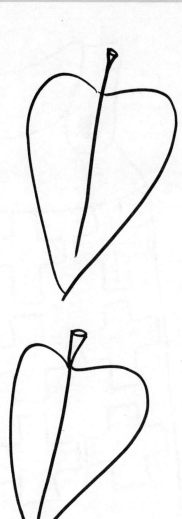

 **作業單（十一）**

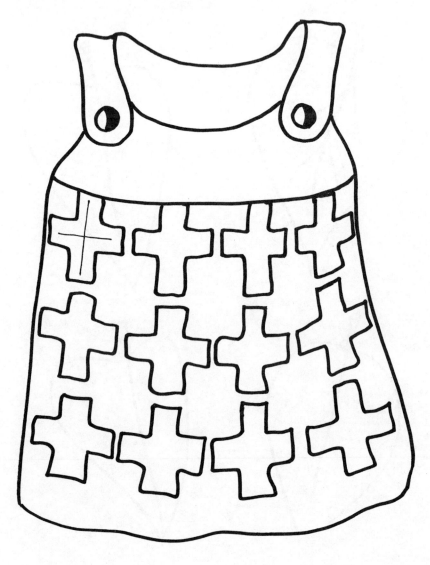

作業單（十二）

作業單（十三）

作業單（十四）

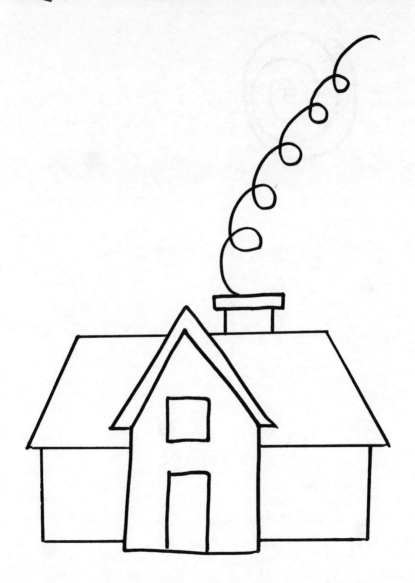

作業單（十五）

2-31

教學目標	會做投幣的動作
教具名稱	圖 2-31-2／簡易投幣盒

相片紀錄

圖 2-31-1

圖 2-31-2

製作流程

圖 2-31-1：

1. 低鈉鹽的空罐或是牛奶空罐皆可以。

2. 塑膠蓋子上面剪下一個 投幣口。

3. 空罐外面貼上卡典西德紙。

4. 三色圓塑膠片。

圖 2-31-2：

1. 牛奶空罐。

2. 在蓋子上面剪下一個長條形的投幣口。

3. 底片盒的空蓋。

4. 依次做投幣的練習。

使用方法

1. 視孩子的能力作投幣的動作。

2. 適當的協助是有其必要性的。

　指導者控制投幣罐，當幼兒做把塑膠片投入的動作時，適時的轉投幣口的方向，以利學習者成功的完成投幣的動作。

2-32

教學目標	會做釣的動作
教具名稱	自製釣魚組
準備材料	*1.* 有顏色的西卡紙。 *2.* 黑色的油性筆。 *3.* 馬蹄形磁鐵。 *4.* 迴紋針。 *5.* 棉線和衛生筷子。

相片紀錄

圖 2-32-1

製作流程

1. 在西卡紙上面畫好魚的形狀（有大小、顏色的區分，以增加其學習的內容）。
2. 每條魚夾上迴紋針。
3. 把棉線綁在竹筷子上面。
4. 棉線的另一端固定在磁鐵上。

使用方法

1. 指導者釣起紅色的魚邊說：「紅色的魚」。
2. 把紅色的魚放進去紅色的托盤中。
3. 把綠色的魚釣起來，邊說：「綠色的魚」。
4. 把綠色的魚放進去綠色的托盤中。
5. 接下來由幼兒練習釣起的動作。
6. 在托盤中，從相同顏色的魚中，再比較大小。

7.接下來請幼兒再釣起「大的——綠色魚」或是「小的——綠色魚」。

8.最後做數數的動作「有＿＿條綠色的大魚」。

視幼兒的程度最後加進去，＿＿條綠色的大魚和＿＿條綠色的小魚，一共是幾條呢？

2-33

教學目標	會寫十字和打勾
教具名稱	圖 2-33-1／鏤空畫線板

相片紀錄

圖 2-33-1

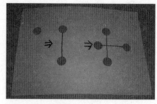

圖 2-33-2

圖 2-33-3

圖 2-33-4

圖 2-33-5

圖 2-33-6

製作流程

圖 2-33-1：

1. 在厚紙板上，貼上卡典西德。
2. 畫上十字和✓的圖形。

3.以美工刀割下來。

4.護貝。

5.再將十字、✓的圖形割下來。

使用方法

圖 2-33-1：

1.先讓孩子觸摸鏤空的地方。

2.依次先摸橫的部分再摸直的部分。

3.一邊摸邊說「橫的」。

4.一邊摸一邊說「直的」。

5.變成一個十字架。

6.接下來畫打勾。

7.要求幼兒畫橫線。

8.把畫對的地方教導幼兒打勾（以鏤空板協助）若幼兒不會，則可以在協助下完成。

圖 2-33-2：

1.依次先由指導者貼一張貼紙。

2.在下方貼另一張貼紙。

3.請幼兒連起來。

4.在另一端貼上貼紙。

5.另一個對稱邊，也貼上另一張貼紙。

6.請幼兒連起來。

圖 2-33-3：

1.畫上虛線，請幼兒完成。

2.畫上一條虛線，剩下的由幼兒自行完成。

圖 2-33-4：

1.依照圖 2-33-4 的角度，貼好兩張紅色貼紙。

2.請幼兒連起來。

3.拿綠色貼紙，與斜下角的紅色貼紙重合。

4.在另一端較高處，貼上綠色貼紙。

5.要求將綠色貼紙連起來。

圖 2-33-5：

1.✓的虛線圖。

2. 只畫一條斜線的虛線。

3. 逐漸撤除對幼兒的協助。

圖 **2-33-6**：

1. 圖案的仿畫作業單。

2. 最後可以在指令下完成＋和✓的指令。

作業單　　　畫✓和十字

✓	✓	✓
＋	＋	＋

2-34

教學目標	會做撕、開、拉的動作
教具名稱	多功能魔術圍裙
準備材料	1. 圍裙。 2. 四個口袋。 3. 四種不同的接合口。

相片紀錄

圖 2-34-1　完整圍裙

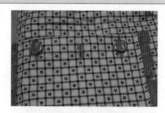

圖 2-34-2　鈕扣

圖 2-34-3　黏扣帶

圖 2-34-4　拉鏈

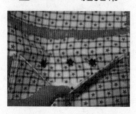

圖 2-34-5　釘釦

製作流程
1.完成圍裙的製作。
2.在袋口用黏扣帶的接縫起來。
3.另一個袋口用拉鏈的接縫拉起來。
4.另一個是以釘釦方式的接縫連接起來。
5.最後一個是以鈕釦方式的接縫扣起來。

使用方法
1.可以在口袋裡面放幼兒喜歡吃的增強物。
2.當幼兒表現良好，可以提供一個機會，那就是可以隨便打開四個袋子中的一個，可以領一顆糖果。
3.透過互動，增加其精細動作的練習！

其他：

可以把增強物放在四個口袋中，讓幼兒猜猜看，例如：告知幼兒上面的口袋中有糖果，則指導者必須在上面兩個口袋中都裝糖果，只要幼兒自己拉開或是打開上面的口袋就可以得到增強物，即使幼兒選擇錯誤，沒辦法得到增強物，但是在打開與拉開的過程中，便已經學習到精細動作的訓練了。接下來可以增加其複雜度，例如：「上面的左邊口袋裡」有糖果，讓幼兒的學習加深加廣，但是學習的時機，必須視孩子的程度而定，否則揠苗助長、徒增挫折。

2-35

教學目標	會做戳的動作
教具名稱	戳戳樂
準備材料	底片盒空罐、白紙、油土、鈴鐺、橡皮筋。

相片紀錄

圖 2-35-

圖 2-35-2

圖 2-35-3

圖 2-35-4

圖 2-35-5

製作流程
1.先把底片盒空罐的蓋子打開。
2.以白紙蓋住罐口。
3.以橡皮筋將之捆住。
4.在瓶口的紙上畫上不同的形狀。

使用方法
1.數個空罐。
2.罐口的紙上依序畫上不同的形狀。
3.抽牌若抽到的是三角形。
4.請幼兒找出畫有三角形的罐子。
5.請幼兒用食指戳開罐口。
6.把裡面的東西勾出來。
7.若能在裡面放葡萄乾，更能引起學習動機，因為只要勾出葡萄乾便可以吃了。

領域三　認知

一　知覺動作技能

(一)聽覺性知覺

1.聽覺性記憶

讓其聽搖籃曲時，能回想起母親的唱歌聲；讓其聽很久以前出遊時火車的鳴笛聲，能選出搭火車的圖片，藉以能回想或喚起某種聲音的能力。

2.聽覺敏感度

指導幼兒時，可以事先將環境的聲音加以錄製，讓孩子熟悉環境的聲音。或在平日聽到各種不同的聲音時，搭配其名稱告知幼兒。信誼文教基金會所出版的「耳聰目明」，也是一項不錯的訓練教材。

3.聽覺理解

即指令的讀取，例如：把門打開，把東西拿起來，把鞋子擺好……。

4.聽覺記憶

即經由聽覺所獲得的資料，具有保持和回憶的能力，例如：說過一個故事後，詢問其故事中的飛機是什麼顏色的？

5.聽覺順序

可以以樂器來敲打簡單的韻律，╳—╳╳╳—；或是數字的跟說能力：1—5，1—5—7—9；或是電話號碼，5147—9756。

6.聽覺性的聯想

在聽了某種聲音之後，能聯想到其他有意義的事物之能力，例如：給予嬰兒哭聲時，能選出母親在餵食嬰兒的圖片；或是在聽到消防車的鳴笛聲時，能聯想到火災的情境等。

7.聽覺性的閉鎖

聽了缺乏構成音之曲音後，能再補充缺乏的語音部分，使曲音完整的能力。例如：「Do Re Mi Fa So」之完整音階。

8.聽覺性圖景間關係知覺

主要為聽覺性之主題與背景的識別能力，換言之，能從許多聲音（或稱背景音、雜音）中，找出被指定的聲音的能力。例如：在有噪音的環境中是否能聽出教師之教學，且能說出老師在說什麼。

9.聽覺性位置知覺

能認識聲音之空間性質，並能正確認知聲音的位置的能力。例如：從四面傳出聲音時，能否指出媽媽聲音的方向，並知道正在做什麼。

(二)方位之知覺

1.對自己身體中心與左右關係能力的知覺

包括對身體五官的認知、手腳和身體之左右側等認知能力，部分身體左右側知覺障礙的兒童，所書寫的文字會出現左右相反的現象。

2.外部之位置知覺

認識與分辨上下、左右、內外、遠近距離等能力，若對自己內部的位置知覺有障礙時，往往對外部世界的認知能力也隨之受

影響。所呈現的狀況，不但文字書寫成左右相反，對於圖形上的認知也會有困難。

㈢對形狀之知覺

1.分辨形狀之相同與相異的能力

能辨認形狀的命名與分類，或是指出物件的異同之處，在同中求異，異中求同等能力，若這方面有問題，會對於文字或圖形的辨別有困難。

2.形狀之恆常知覺

主要為認知某種形狀之固定性的知覺能力。意思是雖然改變物體形狀之大小、位置或顏色等，但仍能知覺其形狀的特徵並認知其永遠不變，而能指出此皆為同樣的形狀（有這種障礙的兒童則難以看得出來「ㄓ」和顛倒擺放的「币」為同一個字）。

㈣保存性的知覺

知覺保留能力除了形狀的知覺恆常之外，更要考量到「量」不變的知覺能力，換言之，只要不對某數量加或減，雖然改變位置或是間隔，但是也能察覺其「量」不變的能力。例如：有保存性知覺缺陷的孩子，不會認為「□□□□」「□ □ □ □」兩者為相同數量的圖形。因為有緊密圖形和相隔圖形時，他們無法分辨其為相同的數量。

㈤對顏色的知覺

主要為對顏色的知覺能力，可以透過色盲檢查冊，在同樣的小點中，透過不同的顏色架構出相關物件，有能力辨識出來。

㈥視覺性的知覺

1.視覺性記憶

在回想其視覺性訊息時，能予以再生的能力。

2.視覺的敏銳度

例如：依情境或圖片敘述，穿著黃色衣服的小朋友，穿著綠色褲子的女生，可以利用信誼文教基金會所出版的「誰是誰」教導之。

3.視覺的協調與追視

活動設計上可以以手電筒的光照在牆壁上或玩紙飛機的遊戲，飛機飛到何處，落點在哪裡，再撿回來；亦可玩滾球的遊戲，球的落點在哪裡，再去找回來。這種能力對於日後的認知學習有極大的相關性。

4.視覺形象背景區分

也就是圖形與背景之間的關係知覺，能從許多重疊的線條或圖形中選出特定之線條或圖形之能力，或是從許多文字中選出特定文字之能力。一般說來，當這種「圖形與背景之間的關係知覺」的辨別能力產生障礙時，則無法從整篇文章中找出想要閱讀的部分，並且在選讀某行時，也無法對文章提出摘要。換句話說，形象背景的區分便是，可以知覺到在背景前後的物體，並能具有意義的區分之。通常的訓練方式可以先以透明膠片畫上圖案，再逐漸重疊膠片的片數，教導個案得以理解。本書於後面的教材中有詳細的說明。

5.視覺記憶訓練

即可以回憶之前的視覺經驗的能力，例如：可以把東西或圖

片數種放桌上，先移去一項，要求自另一籃中指認出來，或是詢問媽媽剛才做了什麼……。

6.視覺動作記憶

即是憑以前的視覺經驗而複製的能力，將圖片閃示數秒後，讓兒童能憑記憶再畫出來，此皆為視覺動作的記憶。

㈦空間關係知覺

能把握自己和環境中之物體的空間關係，例如：能指出自己是位於某物之前或後，上或下等……。

㈧整體與部分關係知覺

能把各部分整合於具有意義的某整體中，或是能將整體分解成各個構成部分的能力。

㈨連續性的知覺

能把視覺、聽覺或是複合性的種種要素順序，視為一個有意義的連續性事物。例如：給予「貓」、「老鼠」、「廚房」等三張圖片時，能說出「貓在廚房抓到老鼠」的意義。

㈩觸覺的知覺

1.觸空間的認知

主要為能分辨被觸及部分的能力。訓練的方式是讓兒童耳朵戴耳環、眼睛戴眼鏡、膝蓋帶護膝、腳穿鞋等，隨後問，「耳環在哪裡？」、「護膝在哪裡？」時，協助其指出「在耳朵」、「在膝蓋」等。先從看得到的地方訓練，要求個案將圓形貼紙或

是個案喜愛的貼紙撕起來，貼在指導者的相對應位置，例如：將貼紙貼在個案的手上，接下來要求貼在指導者的手上，待其熟練之後，便可以貼在個案的肩膀—脖子—後背—屁股……。

2.觸覺性知覺

能經由手之接觸辨別物體之形狀、輪廓或粗細等的知覺能力。例如：當孩童蒙上眼睛時，讓其觸摸各種形狀板，能指出所觸者為何形狀。或是給予有意義的凸出物，在其觸摸之後，能指出為何形狀或何物。

二、認知訓練

包括自我認識、顏色的認識、形狀的認識、數的認識、空間概念的加強、上下的概念、裡外的概念、前後的概念、左右的概念、遠近的概念、仿砌配圖……等。

以能分辨五官和身體部位的認知為例：剛滿一周歲的正常嬰幼兒，雖然開始認得手、腳、眼、鼻、口……等身體某一部分，但是要認得兩個以上，還是有些困難，這時候則可以慢慢的將之融入遊戲中，讓孩子慢慢練習與記憶。

對自己身體的知覺部分：小朋友能知覺自己的身體或知覺自己身體的某一部分的能力，這對自我形象的認知是相當重要的目標，例如：對頭、胸、腹、手以及腳等部分之認識。一般而言，五官的認知可以透過以下的教具和活動設計來完成，而身體部分的認識則可以透過平常的關聯性來加以學習，例如：手酸了可以請小朋友捶捶肩膀；平時可以透過「妹妹背著洋娃娃」的歌，強調背的概念，剛開始洋娃娃要先放在背部，接下來才用布條固定在後背，告知洋娃娃要背在後背上；或是平時請小朋友幫忙捶捶

背部，諸如此類……。除此之外，指導者還可以故意把糖果藏在自己的手掌心，然後再把自己的手藏在後面，要求小朋友找到指導者的手，如此的遊戲方式，亦可以引起孩子的注意力與動機，因為找到手之後，他們一般會很用力的想把手掌扳開，因為可以吃到增強物。

其他如照鏡子認識幼兒自己的身體五官，亦是一項很不錯的遊戲方式，指導者可以坐在幼兒的後面，一邊說「鼻子」、「嘴巴」……，待日後再加入「××的鼻子」、「××的眼睛」，因為若剛開始便加上××的○○，會讓幼兒搞不清楚鼻子的真正名稱，會讓他們以為所摸的地方叫做「××的鼻子」。

至於膝蓋和大腿等部分則可以以貼紙貼在特定的地方，以利其辨識與學習，接下來則要學習手髒了要洗手，腳髒了要洗腳，以及穿襪子和鞋子要把腳伸出來……等。

3-1

教學目標	五官的認識
教具名稱	五官鏤空板
準備材料	*1.* 西卡紙全開一張。 *2.* 細字油性筆一支。 *3.* 剪刀、刀子各一把。 *4.* 護貝紙 A4 數張。

相片紀錄

圖 3-1-1

製作流程

1. 將西卡紙裁成 A4 大小四張。

2. 依次每一張皆畫上同樣的臉以及眼睛—鼻子—嘴巴—耳朵。

3. 將其中一張眼睛的部位挖空。

4. 將其中一張的嘴巴挖空。

5. 將其中一張的鼻子挖空。

6. 將其中一張的耳朵兩邊挖出兩個耳朵的形狀。

7. 依次將其護貝。

8. 再以刀子將已經鏤空的部分再挖空，但是一定不能將護貝紙完全切齊，
才容易保存。

使用方法

引起動機：

　　以兒歌「合攏—放開……」引起孩子的興趣，同時在最後面的「這是
眼睛—這是嘴巴—這是小鼻子—哈啾」動作應誇大才能吸引孩子的眼光。

活動㈠：嘴巴的認識

1. 指導者先以手把嘴巴遮住，告訴小朋友，打噴嚏的時候，要記得把嘴巴遮住。
2. 並且請小朋友猜猜看，老師（家長）的嘴巴有什麼東西？
3. 拉起小朋友的手，把指導者的手從嘴巴移開，這時候就要很用力地把自己的手往下一放，突顯出紅紅的大嘴巴！
4. 拿起圖畫紙，把自己的脣形印在上面。
5. 請小朋友把指導者嘴巴上面的口紅擦乾淨（以鏤空板遮住臉，只剩下嘴巴的部分）。
6. 拿起嘴巴的鏤空板，在畫有臉部輪廓上描繪嘴巴的形狀。
7. 換小朋友，塗上紅色的口紅，拿起鏡子讓他看自己的嘴巴塗上口紅的樣子。
8. 依序完成步驟 4.～6.。

活動㈡：眼睛的認識

1. 指導者先把小朋友玩 123 把眼睛蓋住的遊戲。
2. 接下來用太陽眼鏡把眼睛蓋起來。
3. 有些小朋友不願意戴眼鏡，就可以在有一些距離的狀況下透過鏡片來看周遭的東西。
4. 和小朋友玩貼紙的遊戲，把紅色貼紙貼住自己的眼睛，再請小朋友從指導者的眼睛處將貼紙撕下來。
5. 拿起眼睛的鏤空板，放在指導者的臉上，請小朋友指出眼睛部位在哪裡？增加對於眼睛的認識！
6. 拿起眼睛的鏤空板，在畫有臉部的作業單上描繪眼睛的形狀。
7. 指導者先把眼睛貼上貼紙，再戴上眼鏡，最後再用自己的手把臉遮住。
8. 請小朋友一一的把指導者遮住眼睛的手拉下來，把眼鏡拿下來，最後再把貼紙撕下來。

活動㈢：鼻子的認識

1. 貼紙貼在鼻子上，請小朋友把鼻子上的貼紙撕起來。
2. 指導者轉身，把乳液塗在自己的鼻子上，再轉過身來，問小朋友哪裡不一樣？
3. 拿起衛生紙，請小朋友把鼻子上的乳液擦掉。
4. 拿起鼻子鏤空板套在指導者的臉上，請小朋友把貼紙貼在指導者的鼻子上。
5. 拿起鼻子的鏤空板，在畫有臉部的作業單上描繪鼻子的形狀。

6. 指導者先把鼻子貼上貼紙，再戴上口罩，最後再用自己的手把鼻子和嘴巴遮住。

7. 請小朋友一一的把指導者遮住鼻子的手拉下來，把口罩拿下來，最後再把貼紙撕下來。

綜合活動：

1. 給增強物，但是要求小朋友，必須把眼鏡戴起來、口罩戴起來，最後再給他增強物，然後告訴小朋友，吃東西要用嘴巴，所以要把口罩先拿下來，張開嘴巴才能吃的到！

2. 給增強物，握在指導者的手上，不要讓小朋友看到增強物的內容，要小朋友把口罩拿下來，用鼻子聞一聞。

3. 給稱強物，握在指導者的手上，不要讓小朋友看到增強物的內容，要小朋友用眼睛看一下東西的內容，所以要把太陽眼鏡拿下來，當手掌張開一下子，速度要很快的把手又合起來，若小朋友看不清楚還可以再一次，但是要提醒他，看東西要用眼睛看。

其他：

　　對於有握筆能力的孩子及比較大的孩子，可以要求其完整的畫好五官，剛開始先讓孩子很清楚的知道五官的位置，接下來依序的畫五官，先畫一個大圓圈，再畫兩個大眼睛，眼睛的中間是一個鼻子，鼻子的下面是一個嘴巴，最後再提醒孩子，眼睛的上面是眉毛，再畫上兩個耳朵，最後在大圓圈的上面把頭髮畫上去，五官的圖形便完成了；等到孩子對此順序流程搞清楚了之後，指導者再把五官的圖形，逐步的少畫一個地方，讓幼兒完成，若幼兒無法找出來，則可以以剛才的步驟一一審視；當然最後的目標是希望幼兒能達到完整的畫好人的五官為止。

3-2

教學目標	認識五官的位置
教具名稱	五官位置圖
準備材料	1. 影印紙二張。 2. 有背膠的黏扣帶。 3. 護背紙。 4. 黑色油性筆。

相片紀錄

圖 3-2-1

製作流程

1. 先在影印紙上，畫上五官的臉譜。
2. 加以影印一張。
3. 將五官的部分剪下來，護貝再貼黏扣帶。
4. 再影印一張空白的臉譜（否則被剪下來的部分會鏤空）。
5. 加以護貝後，在固定的部位貼上黏扣帶。

使用方法

1. 平日上課的時候可以先讓幼兒玩五官的遊戲。
2. 之後再加以撕貼，例如：可以拿起貼紙貼小朋友的眼睛，接下來黏貼圖形的眼睛。
3. 也可以透過五官臉譜的撕貼遊戲之後，再以貼紙貼對方的眼睛。
4. 之後則要練習在一個沒有畫五官的臉龐上，先讓小朋友把五官的位置擺好。
5. 最後可以在沒有任何提示下，在紙上畫出五官的位置。

作業單　　補畫五官的練習

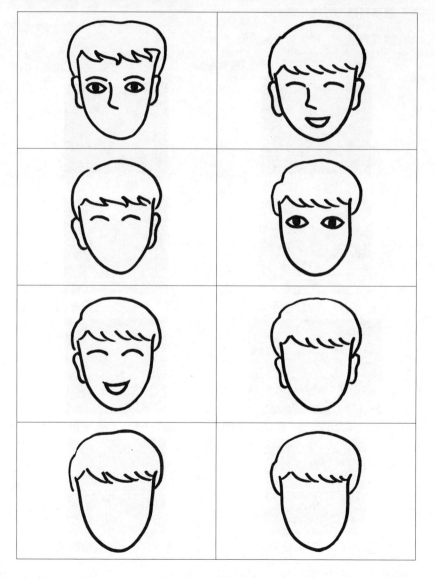

3-3

教學目標	視知覺的練習
教具名稱	形象背景練習圖

相片紀錄

圖 3-3-1

圖 3-3-2

圖 3-3-3　線顏色不同

圖 3-3-4　線粗細相同

圖 3-3-5　影印紙——線粗細不同

圖 3-3-6　一張投影片

圖 3-3-7　三張投影片

圖 3-3-8　四張投影片

製作流程
1. A4 影印紙，視孩子的情況作顏色或是線條粗細的差別來做區分。
2. 另一種做法是，以投影片的方式，一張投影片畫上一種不同顏色的圖形。
3. 為了增加其不同的難度，可以把疊上去的圖形區隔開來，先重疊少一點，再逐漸增加其重疊的部分，增加其難度。
使用方法
1. 可以視孩子對於日常生活中常見的圖形，有一個基本的理解之後，再加以進行。
2. 剛開始亦可以以單純的線條，在主要圖形的後面形成一個背景，最後才找出主要圖形的命名。
3. 接下來才是視孩子的狀況給予線條粗細的差異、顏色的差異，或是線條顏色的差異。
4. 若是幼童還是無法理解，最後才會考慮以投影片的重疊，來增加幼童的理解。

作業單（一）　　找出一樣的圖

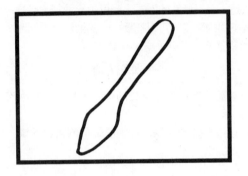

作業單 (二)　　找出一樣的圖

作 業 單（三）　　找出一樣的圖

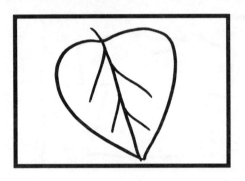

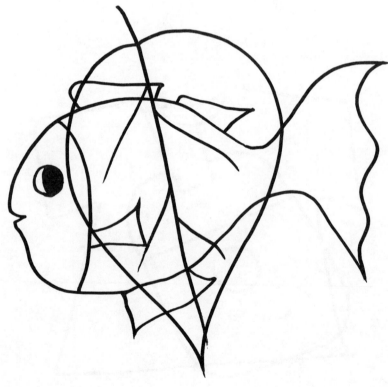

作業單（四） 找出一樣的圖

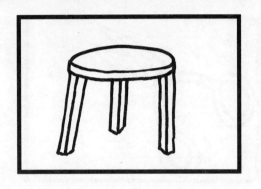

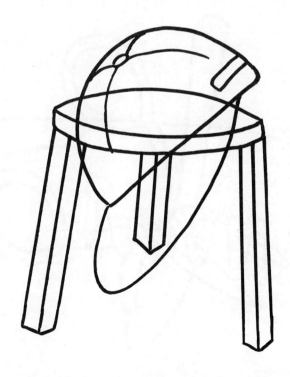

作業單（五）　　找出一樣的圖

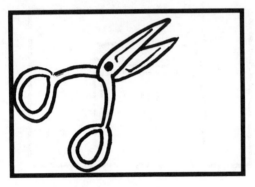

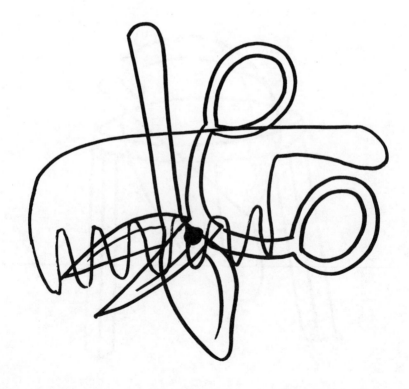

作業單（六）　　找出一樣的圖

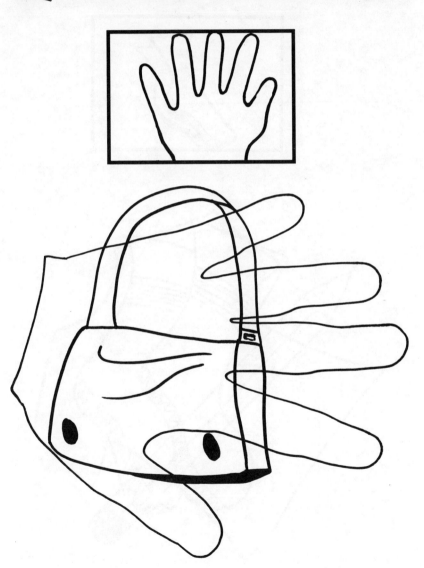

作業單（七）　　找出一樣的圖

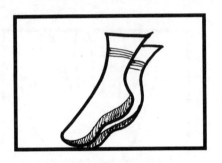

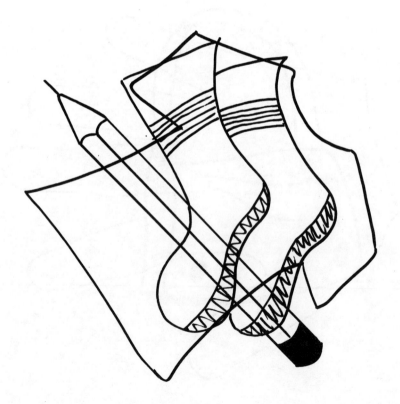

作 業 單 （八） 找出一樣的圖

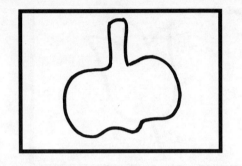

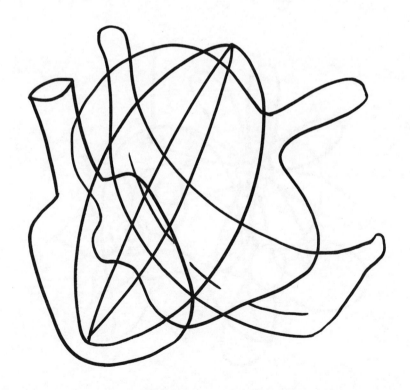

作業單（九）　　找出一樣的圖

作業單（十）　找出一樣的圖

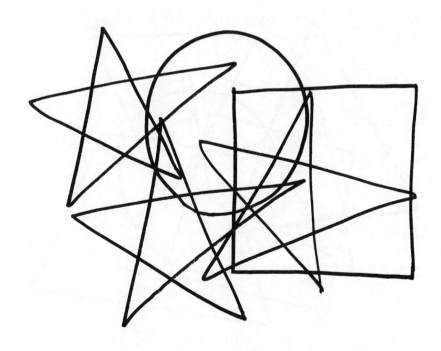

作業單（十一） 找出一樣的圖

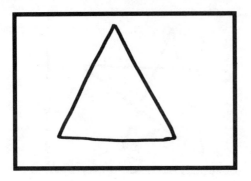

3-4

教學目標	認識位置的對應
教具名稱	位置的對應盒
準備材料	1. 蒟蒻盒的空盒兩個。 2. 小方塊各種顏色 12 個（紅色、綠色、藍色、黃色）。

相片紀錄

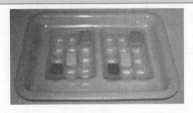

圖 3-4-1

製作流程

1. 將蒟蒻盒的空盒兩個，清洗乾淨，並且晾乾。
2. 準備信誼基金會的 123 數學小方塊。
3. 其他不同材質的物件亦可行。

使用方法

1. 要玩對應盒的遊戲，必須要已經有平面的空間遊戲的能力。
2. 剛開始作位置對應的時候，先一次拿一個小方塊，再教小朋友拿另一個小方塊，在對應的地方，置放進去。
3. 接下來是兩塊積木的放置，要求小朋友仿砌。
4. 最後才是一次放置三塊積木，要求小朋友依照位置一次仿砌完畢。

作業單　　位置對應

NO.1	NO.2

1. 白色小方格為黏扣帶母帶。
2. 黑色小方格部分為黏貼的子帶。

NO.3	NO.4

NO.5	NO.6

NO.7	NO.8
NO.9	NO.10

使用方法

1. NO.1、NO.3 格子裡面可以視情況加入顏色作視覺提示，但是熟練以後要撤除。

2. NO.4 的格子裡面，視情況塗上要求的顏色。

3. NO.5～NO.6 的格子裡面，可以在每個點的位置標示出 1—2—3—4，另外一邊亦然，透過數字的對應來找出所連接的線之間的關係。

4. 也可以先從第一層的第一個點開始算，算到目標點，先圈起來，接下來再算第二層的目標點，再圈起來，直到所有有連線的點圈起來之後，再加以連接。

作業單（一）　空間的對應

作業單（二）　空間的對應

作業單（三）　空間的對應

作業單（四）　空間的對應

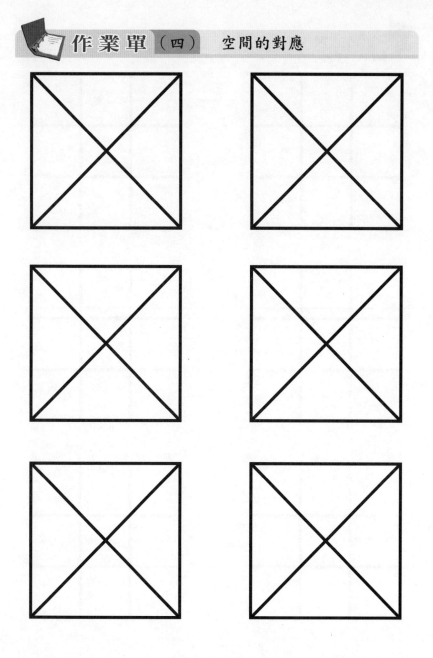

作業單（五）　空間的對應

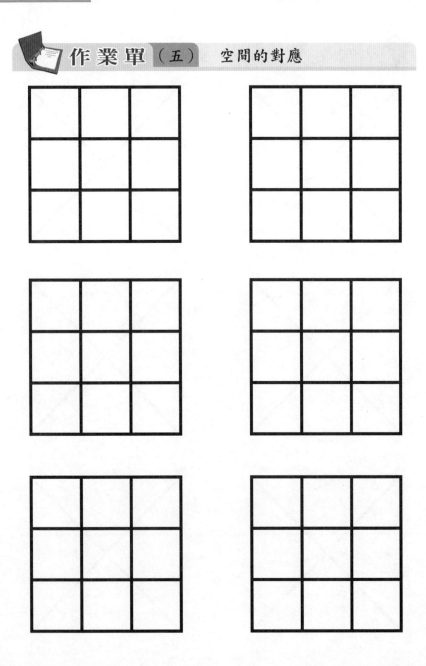

作業單（六） 空間的對應

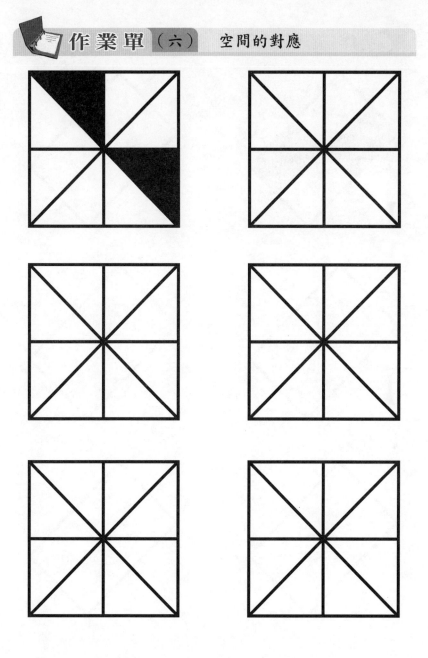

作業單（七）　空間的對應

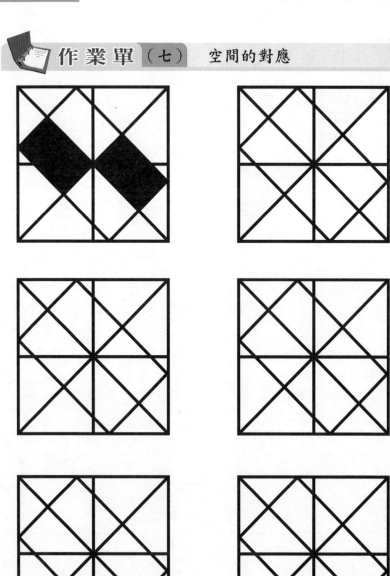

作業單 （八） 空間的對應

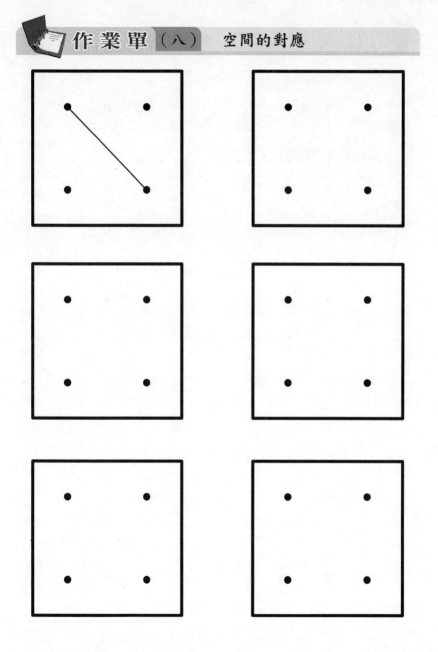

作 業 單（九）　空間的對應

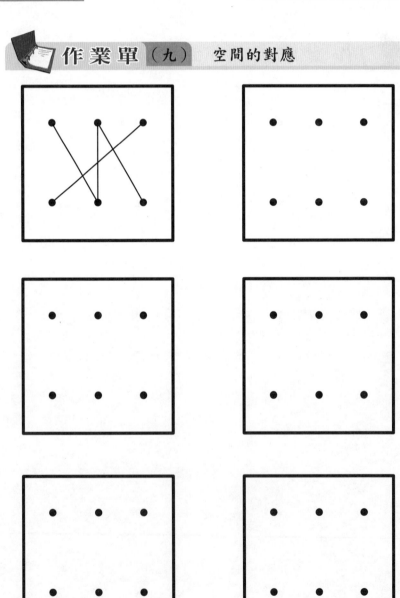

作業單（十）　空間的對應

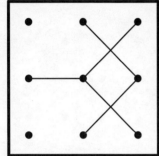

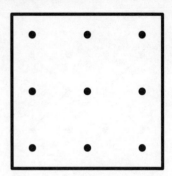

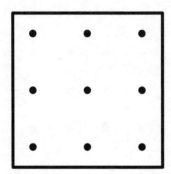

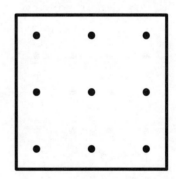

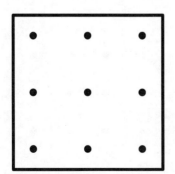

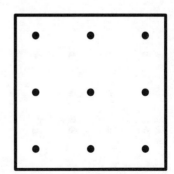

作業單（十一）　空間的對應

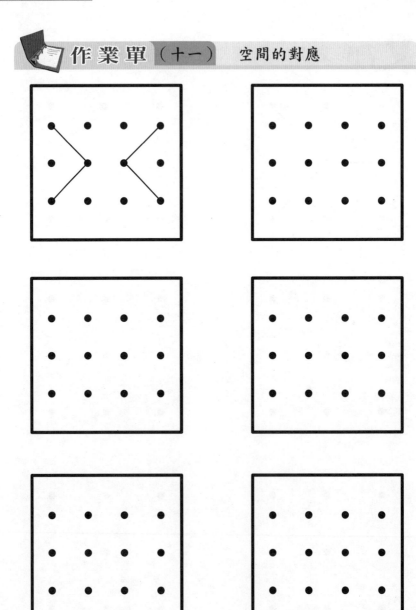

作 業 單 （十二）　　空間的對應

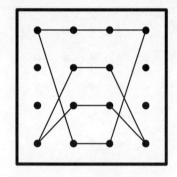

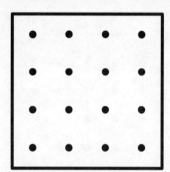

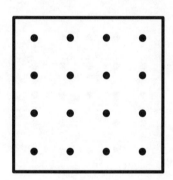

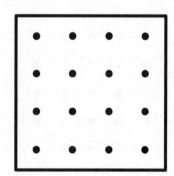

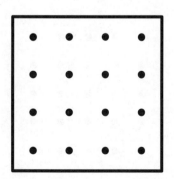

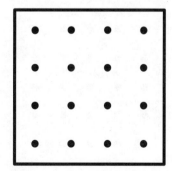

 作業單（十三）　空間的對應

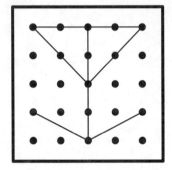
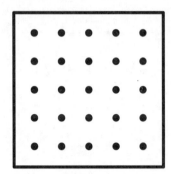

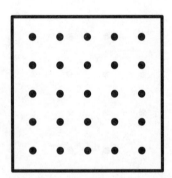
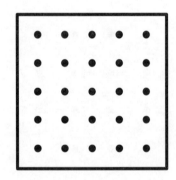

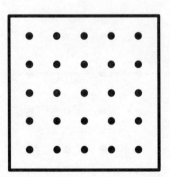
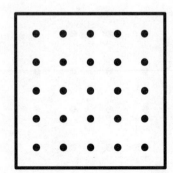

3-5	
教學目標	會拼簡單的拼圖
教具名稱	拼圖 DIY

相片紀錄

圖 3-5-1

圖 3-5-2

圖 3-5-3

圖 3-5-4

圖 3-5-5

圖 3-5-6

製作流程

1. 先將西卡紙上畫好圖案。
2. 加以護貝。
3. 依其需求裁切成需要的片數。

4. 圖 3-5-3 和圖 3-5-4 是先把畫好的圖案切割下來再護貝,但是必須有另外一張厚紙板,畫上圖形的外輪廓,作為視覺的提示。

5. 圖 3-5-5 是先把整張護貝好之後,再行切割。

6. 圖 3-5-6 是護貝後,貼在珍珠板上,再行切割。

7. 圖 3-5-1 和圖 3-5-2 是先整張護貝後,再行切割,最後在其背面貼上黏扣帶的子帶。另外一張厚紙板上,在其對應的地方貼上黏扣帶的母帶。

8. 在切割拼圖方面,依其切割的過程,亦分為正切和斜切,斜切難於正切;有外輪廓的視覺提示易於沒有外輪廓的視覺提示。

9. 使用拼圖來訓練幼童時,必須善用幼童喜歡的物件來介入,例如:喜歡車子的小朋友,可以以車子的圖片來作為拼圖的素材,喜歡球的小朋友,可以以球為其拼圖的素材,作為其習得「拼圖」該項技能的增強物!

10. 圖 3-5-6 的珍珠板,亦可以以瓦楞紙替代之。

使用方法

1. 圖形最好是幼兒平時最常見到的物品或是喜歡的卡通人物。

2. 裁切的片數視能力作修正與選擇。

3. 同樣的圖形當幼兒已經熟悉之後,便可以當著幼兒的面再加以裁切多片,讓他明白其差異性,並拼回原貌。

4. 若在班級使用時,亦可以在拼圖的後面貼上軟性磁片,讓其他同學也可以在白板上清楚的看出其拼排的過程。

3-6

教學目標	會替未完成的人型添加手腳
教具名稱	人型拼圖板

相片紀錄

圖 3-6-1

圖 3-6-2

圖 3-6-3

圖 3-6-4

製作流程

圖 3-6-1：

1. 先在西卡紙上畫好圖案，剪下來再護貝。
2. 圖形後面貼上雙面膠。
3. 準備一張十六開的西卡紙護貝作襯底。

圖 3-6-2：

1. 先在西卡紙上畫好圖案，以剪刀剪成鏤空。
2. 拿出另一張紅色的卡典西德紙，貼在另一張西卡紙上作為襯底。
3. 將兩張紙重疊黏貼起來。
4. 在手和腳的部位以貼紙黏起來。

使用方法

1. 以圖 3-6-1 具體的圖片對人體有基本的認識。
2. 可以先把部分的圖片貼上去，請幼兒補上缺漏的部分。
3. 以圖 3-6-2 的鏤空圖形，讓幼兒以食指實際描繪。
4. 接下來以鉛筆或是水性彩色筆加以描繪。
5. 另外則可以在白紙上，以黑色筆畫出基本的人型。
6. 其他幾張則可以減少基本人型的部分器官，要求幼兒補齊。
7. 若幼兒無法查覺缺了哪些部位，則可以在身體和手掌的部位貼上一張圓形貼紙，讓幼兒以連連看的方式完成。
8. 最後則一定要記的撤除其提示，讓幼兒獨立完成。

作業單　　　替未完成的人型添加手腳

3-7

教學目標	分辨大小

3-7-1

教學目標	視覺的大小
教具名稱	大小圖案的撕貼
準備材料	1. 黏扣帶子帶和母帶。 2. 西卡紙。 3. 彩色筆。

相片紀錄

圖 3-7-1

製作流程

1. 先將一張十六開的西卡紙畫上圖形的外輪廓。
2. 加以護貝。
3. 另一張西卡紙先畫好圖形，上好顏色，再剪下。
4. 圖形的背面貼上黏扣帶子帶，有外輪廓的西卡紙，貼上母帶。

使用方法

1. 要求幼童把圖片撕起來。
2. 要求幼童把圖片貼回去。
3. 要求幼童把大的圖片貼回去。
4. 要求幼童把小的圖片貼回去。

3-7-2	
教具名稱	大小套杯的運用

相片紀錄

圖 3-7-2

圖 3-7-3

圖 3-7-4

圖 3-7-5

使用方法

活動一：

在教導幼童分辨大小的過程裡，剛開始可以給予較大的物件刺激，例如：可以在大籠球上面滾動，可以用大籠球在身上滾動，可以推大籠球。當幼童對於大籠球有「大」的概念之後，接下來可以玩小球的丟擲遊戲，把小球放進容器中。之後便可以從兩樣大小差異較大的球中找出大的球，再逐漸縮小兩顆球之間的差異，最後再在幾乎相同大小的球中，找出較大的球，或是較小的球。

活動二：

接下來便可以選擇不同性質的物件，來比較其大小。若類化到一般使用的套杯時，剛開始可以使用圓形同色但是不同大小的套杯來比大小，接下來再比較不同色的圓形套杯，最後再以不同形狀且不同顏色的套杯來比大小。

活動三：

　　在指導幼童比較不同材質的套杯時，可以善用增強物，例如：在大的套杯裡面裝有個案喜歡吃的增強物，同時以手掌把兩個套杯都蓋住，讓幼童無法由視覺中得知增強物放的地方。指定幼童只能選擇大的套杯，因為只有大的套杯裡面有增強物，若幼童拿錯了套杯，則指導者便可以當著該幼童的面，把增強物吃掉，並顯現出很好吃的樣子，刺激幼童選擇正確套杯的學習動機。一般透過這種訓練方式，很多小朋友都能夠在極短的時間內找出正確的套杯！

活動四：

　　接下來可以增加三個套杯之間的排序，由大到小，再逐一套起來，最後再增加套杯的數量，先要求其排列，再把小的套進大的套杯裡面。

其他：

　　透過不同大小的瓶口，先把蓋子旋轉開，再要求幼童依照其瓶口的大小，選擇其瓶蓋再蓋回去。甚至有時候亦可以將物件放進去不同的套杯裡面，當套杯太小了，物件便放不進去，透過這種放置的過程，理解其大小的邏輯概念與因果關係。

3-7-3

教學目標	聽覺的大小──聲音的遊戲

活動一：

　　轉開幼童最喜歡的音樂，讓他一邊聽一邊跳舞，享受音樂的樂趣，接下來故意轉得很小聲，讓幼童聽不到，詢問幼童：「你聽得到聲音嗎？」你聽不到是因為太小聲了！所以在其要求下指導幼童把音樂轉大聲一些！或是剛開始的時候便把聲音轉小聲一點，若幼童要聽清楚，便可以自行操作轉大聲一點，透過自行的操控，更能夠體會大小聲的意義。

活動二：

　　準備小鼓，先一邊示範敲鼓、一邊說出小聲─小聲─小聲，接下來說出大聲─大聲─大聲……也一邊用力敲鼓；透過鼓聲和口語，來加強鼓聲和大小聲語音命名的連結。

3-8

教學目標	認識並分辨大中小
教具名稱	大中小的認識

相片紀錄

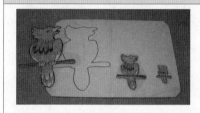

圖 3-8-1　　　　　　　　　　圖 3-8-2

製作流程

圖 3-8-1：

1.畫一隻鸚鵡，依次縮小成三種尺寸。

2.三隻皆著上相同的顏色。

3.加以護貝，再沿著外圍約 1 公分處剪下來，並在後面貼上黏扣帶母帶。

4.找到另外一張八開的厚紙板，依照圖片的外圍以簽字以畫出線條的輪廓。

5.輪廓的排列要有不同的組合。

6.將底座護貝，在輪廓中貼上黏扣帶子帶。

圖 3-8-2：

　　其作法與圖 3-8-1 的教具相同，但是在背景的部分必須有文字的提示，代之以輪廓的提示。

使用方法

1.先使用有外輪廓的圖形。

2.先教導幼兒找出最大的圖形。

3.接下來找到最小的圖形。

4.最後才會找出中的圖形。

5.接下來再以圖 3-8-2 的圖形加以辨別（輔以文字）。

3-9

教學目標	顏色的分辨
教具名稱	撕撕貼貼多顏色分類板
準備材料	1. 木板 300cm × 300cm。 2. 不織布 300cm × 300cm。 3. A4 紙一張，上面畫上格子 8×4 格。 4. 護貝紙一張。 5. 有背膠的黏扣帶 30 公分。 6. 123 數學小方塊四種顏色各八個。 7. 剪刀一把。

相片紀錄

圖 3-9-1

製作流程

1. 兩公分厚的木板（30cm×30cm）。
2. 裁剪一塊布製的泡棉（30cm×30cm）。
3. 泡棉的背後貼上黏扣帶子帶。
4. 木板的對應邊亦貼上黏扣帶母帶。
5. 黏貼木板和布製的泡棉。
6. 將畫有 32 格的 A4 紙護貝，並在每個小格裡貼上黏扣帶母帶。
7. 準備 123 小方塊，在每個小方塊的背面貼上黏扣帶子帶。

使用方法

1. 可以先要求幼兒把板子上的小方塊撕下來，練習指尖的靈活度。

2. 接下來指導者拿起一個小方塊，幼兒便拿起相同顏色的小方塊。

3. 當上面一排已經排完之後，第二排也應該已經放置完畢。

4. 接下來幼兒把未完成的部分，依同色的小方塊往下黏貼完成。

3-10

教學目標	會作顏色的分辨
教具名稱	顏色的分類盒
準備材料	*1.* 蒟蒻盒的空盒三個。 *2.* 小方塊各種顏色 12 個（紅色、綠色、藍色、黃色）。

相片紀錄

圖 3-10-1

製作流程

1. 將蒟蒻盒的空盒三個，清洗乾淨，並且晾乾。

2. 準備信誼基金會的 123 數學小方塊。

3. 其他不同材質的物件各 12 個亦可行。

使用方法

1. 可以在每一個蒟蒻盒內先放一個小方塊。

2. 再要求幼童依照顏色把剩下的小方塊放進去，

3-11

教學目標	會作顏色的分類
教具名稱	顏色分類組
準備材料	如圖 3-11-1，依照圖案將所有物件依次擺好。

相片紀錄

圖 3-11-1

使用方法

1. 要求幼童將大的塑膠罐轉開。
2. 將四個顏色的小空罐打開。
3. 依次將紅色的塑膠片放進去。
4. 綠色的塑膠片放進去。
5. 黃色的塑膠片放進去。
6. 藍色的塑膠片放進去。
7. 依顏色把蓋子蓋起來。

3-12

教學目標	依顏色做分類
教具名稱	顏色分類卡
準備材料	1. 紅黃藍綠棕色的色紙。 2. A4 白紙。 3. 護貝紙。 4. 鐵的扣環一個。

相片紀錄

圖 3-12-1

製作流程

1. 數種顏色的色紙。
2. 剪成小正方形。
3. 貼在 A4 白紙上。
4. 加以護貝。
5. 角落打洞，以鐵環套起來，以免遺失。

使用方法

1. 一次以一種顏色的卡片為主。
2. 先示範，將桌面上的塑膠積木（或是其他塑膠片皆可搭配）比對顏色後，放在護貝的紙上。
3. 接下來要求幼兒如法炮製，將相同的顏色加以分類和配對。

3-13

教學目標	會分辨形狀
教具名稱	形狀觸摸板

相片紀錄

圖 3-13-1

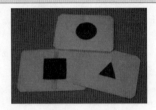

圖 3-13-2

製作流程

1. 黑色或是咖啡色的砂紙（中等粗細）。
2. 10cm × 10cm 的大小共計三張。
3. 以美工刀如上圖所示，切割成〇、□、△各一個。
4. 再將其中間依形狀剪下來變成空心，剪下的實心保留。
5. 背面貼上雙面膠，各自貼在 15 公分的正方形厚紙板。

使用方法

1. 先示範，透過手的觸摸，加以確認並說出形狀的名稱。
2. 先以圓形為主，加上錢幣，在桌面上轉圈，再以手將之蓋起來，增加其動機。
3. 告知──圓形。
4. 接下來再以另外一個實心的砂紙版，加以觸摸同時並告知──圓形的概念。

3-14

教學目標	形狀的分類
教具名稱	形狀組合

相片紀錄

圖 3-14-1

圖 3-14-2

圖 3-14-3

圖 3-14-4

製作流程與使用方法

1. 可以在西卡紙上依照所需的形狀畫上圓圈。圖 3-14-1 的圓圈畫完之後，必須護貝起來，其紅色的為紅色的圓形磁鐵，可以貼在白板上使用。

2. 圖 3-14-3 的圖形完成以後，可以影印多張使用。

3. 圖 3-14-4 的圖形則以瓦楞紙剪成需要的材質，再貼上圓形貼紙。可以以夾子夾在有圓形貼紙的地方。

其他：

　　圖 3-14-2 的教具製作，如圖所示，蒐集蛋糕盒蓋裁成不同形狀，提供不同程度的幼兒操作與認識。

3-15

教學目標	形狀的分類
教具名稱	多功能學習盒

相片紀錄

圖 3-15-1

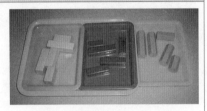

圖 3-15-2

圖 3-15-3

圖 3-15-4

製作流程

1. 以一個 26cm×26cm×3.7cm 的木盒。
2. 以木條將之隔成 6 小格×5 小格。
3. 將木頭中間挖成不同形狀的□、○、◇、●、凹槽。
4. 將木條裁成高為 10 公分的柱狀木柱。
5. 塗上油漆，區分為紅／橙／綠／黃／藍色。

使用方法

活動一：
1. 剛開始，對於能力較不好的孩子，可以先把每一個內盒拿出來。
2. 依照內盒的形狀找出相同的木柱。
3. 教幼兒一一的放進去。

活動二：
　　　將所有的相同形狀的木柱都拿出來之後，再依其高低教導幼兒哪個高？
哪個低？

活動三：
　　　將所有的積木拿出來，再拿出不同顏色的托盤放在桌面上，要求幼兒
依照顏色的差異放進去。

活動四：

1. 將不同形狀的木槽，拿出來排列在桌面上。

2. 要求幼兒在所有的彩色積木當中，找出所需的形狀。

3. 一一的把積木插放進去，訓練找出相同形狀的配對。

4. 將所有的積木依照形狀先排好之後，再依照其高低順序排列整齊。

3-16

教學目標	分辨高低

活動一：拍球的遊戲

剛開始的時候，可以和幼兒玩拍球的遊戲，讓幼兒拍的到球，接下來，便故意把球拍的高一點，讓幼兒拍不到球，感受到因為太高了，才打不到的概念。

活動二：拿高處的物件

每天到教室的時候，把其名牌放在白板的上端處，請幼兒把自己的名牌放在固定的框框內；這時候因為名牌放的位置過高，幼兒會拿不到，所以可以教導幼兒，跳起來拿，或是拿椅子墊高，把名牌放置固定的位置上；這時候必須提醒幼兒，為什麼要跳那麼高呢？因為——太高了。

活動三：高高低低的遊戲

拿數塊同色但是高低不一樣的木板，放置在教室的牆壁上，告知幼兒，要依照木板的高度玩高高低低的遊戲，高的木板要跳起來，低的木板要蹲下來；認識高高低低的遊戲，透過視覺與聽覺的提示來學習高低的概念。

3-17

教學目標	認識聲音的高低
教具名稱	鍵盤樂器、木魚

　　先透過鍵盤音樂的鍵盤，做兩邊較大差異的對比，先按最左邊的鍵盤，再按最右邊的鍵盤，一邊按並一邊說出「低音─高音」，讓琴音和琴鍵的高音、低音能做連結。

　　接下來可以透過高低音木魚的教具，透過樂器的敲打來分辨高音和低音的差距。

　　最後可以敲一個音，要求幼兒模仿敲打，

　　接下來不讓幼兒看到敲的位置，要求仿敲節奏，練習「低─低─高」或是「高─高─低」等不同的組合。

3-18

教學目標	會分辨厚薄

教導幼童認識厚薄的概念，剛開始的時候可以結合日常生活中所接觸到的物件加以運用，例如：大黃瓜、小黃瓜或是胡蘿蔔，其教法如下：

活動一：

首先可以切小黃瓜：因為切的動作對於很多小朋友具有很大的吸引力，而且最重要的一點是，小黃瓜的頭尾大小差異不大，切了之後，其分辨的過程可以減少干擾。

活動二：

接下來也可以切大黃瓜：其切的技巧要更好了，切的過程中有的可以切薄一點，有的可以切厚一點，切完之後再加以比較，但是必須注意的是，厚薄的程度剛開始的時候要差異大一點，再逐漸縮小其差異性。再慢慢的加入胡蘿蔔的分辨，先從相同的蔬菜之間的分辨，接下來再從事不同蔬菜之間的分辨。

活動三：

以紙類的方式：例如：將一張十二開西卡紙塗上膠水；將三張西卡紙貼完成之後，在西卡紙上面以簽字筆畫上圖案；另外在另一張顏色相同的西卡紙畫上相同的圖案，最後再要求幼童以剪刀將圖形剪下來。先剪單張的西卡紙，接下來才剪較厚的西卡紙，使幼童感覺到薄和厚的西卡紙之不同，增加其對厚薄的概念，最後才依其能力讓幼童對不同顏色和不同材質的紙類加以分辨。

活動四：

拿兩大小相同但厚薄不同的書籍：厚的書籍裡面藏有海苔，請幼童翻開厚的書本，只要選對厚的書本，就可以從裡面拿出海苔來吃；相對的，拿錯的就吃不到海苔了。要注意的是，剛開始是兩本厚薄差異大的書籍，再來才是差異小的書籍，最後才是大小厚薄都不一樣的書籍讓幼童來分辨。

活動五：

衣服厚薄的分辨：在較熱的天氣裡，拿出兩件厚薄不同的衣服讓幼童穿上，先讓他穿上厚的衣服，等到流汗之後，提醒幼童，因為衣服太厚了，所以要換一件比較薄的衣服；透過衣服的更換過程，讓幼童真實的感受厚薄與冷熱的感受，來練習生活自理的能力。

其他：

　　如平常給予餅乾的厚薄、三明治的厚薄、蛋糕的厚薄的選擇，再如牆壁的厚薄、門的厚薄……等皆是厚薄的運用，因為若沒有在日常生活中加以運用，很容易就失去這項辨別的技能。

3-19

教學目標	會分辨多和少

　　教導幼童能夠分辨多和少的概念之前，必須學會如何區別「1」和「許多」。因為「許多」是由很多個「1」所組成的，「1」是自然數的單位，而「許多」則是一個比較抽象的語詞，在一般的幼兒教育裡面，教師會透過觀察和比較以具體的教具引導幼兒理解此二者之間的關係。例如：一棵大樹上有許多顆的小蘋果、一輛大巴士裡面載著許多小朋友。但是，應用在特殊幼兒的教學上，有時候會遭受到相當大的挫折，因為除了數量上的差異之外，它還包含著物件的差異和大小的差異性，所以在教導特殊幼兒時，剛開始的時候，會先以相同的物件加以比較，接下來再以不同的物件作比較；根據其教導的先後難易度活動設計如下：

活動一：許多積木

　　首先可以請小朋友搬運積木：把散放在房間四周的積木，放到呼拉圈裡面，而且規定小朋友，一次拿一塊。待其放置完畢之後，告知「呼拉圈裡面有『許多』積木！」，接下來就可以在呼拉圈裡面隨意堆疊不同的積木造型。

活動二：許多泡泡

　　幼兒吹泡泡，一邊吹一邊讚賞，「○○吹了許多泡泡，好棒！」

活動三：魚吹了許多泡泡

　　在白紙上畫一條魚，以鉛筆點一點，要求幼兒圈起來，每當畫一個圈圈，就要說出：「○○又畫一個泡泡了，好厲害！」，當畫了很多泡泡的時候，就要稱讚○○畫了許多泡泡，好厲害！

活動四：小朋友拿了許多氣球

　　可以剪很多張方形小白紙，每張紙上描畫一個圈圈，接下來請小朋友在圈圈裡面塗顏色（在限定範圍內塗顏色），當每一張紙都塗完顏色之後，便可以在協助之下把圈圈剪下來。接下來再請幼兒在圈圈後面塗上膠水，貼在另外一張四開的圖畫紙上，當貼完了 10 張之後，可以在每一個圈圈下面，接上一條線，最後集合成一束氣球──告知「許多氣球！」。

活動五：許多的顏色

　　提供五種以上顏色的圓形貼紙，讓幼兒貼在白紙上，當以亂數的形式貼完之後，稱讚幼兒，紙上有許多顏色的貼紙好漂亮！

　　透過以上許多的活動後，最後才進行到繪本上：一棵樹上有許多小鳥停在上面、一間房子的門口，停了許多車子……，如此一來，「1」和「許多」便可以讓孩子很清楚的了解其差異了。

　　接下來就是多少的分辨，剛開始的時候，兩堆東西，必須先以同樣的物件，兩邊量的差異必須大一點，再逐漸減少其彼此之間的差距。當進行到無法以肉眼一次說出其孰多孰少的時候，便需要一對一的把兩邊的量作一對應與比較，如此一來，比到最後，便可以很清楚的了解哪邊多，哪邊少了。有的小朋友剛開始沒辦法正確的對應時，便可以以重疊的方式，將一邊的物件，一個一個的堆放在另外一邊的物件上，直到最後，便可以分辨出孰多孰少了。

　　平常在日常生活中，亦可以製造情境或善用情境，練習多和少的比較，例如：擺碗筷的時候，先把預定量的碗拿出來，接下來再拿不相同數量的湯匙出來請小朋友擺放，讓幼兒親身感受，碗太少了或是湯匙太少了，都沒辦法吃飯。

3-20

教學目標	會分辨方位

　　任何物件皆存在有一定的空間，而周遭環境有對應存在的位置就是物體的空間方位，運用在日常生活中便以上面、下面、前面、後面、左邊、右邊等語詞代表之。

　　在確定物體的空間方位時，必須有一個參照點，沒有此根據點，便沒辦法說清楚客體的上下或是左右；例如：爸爸、媽媽和小朋友坐在椅子上吃飯，如果以媽媽為依照點，小朋友是坐在媽媽的左邊，如果以桌子為參照點，則小朋友是坐在桌子的後面，由於參照點不同，則小朋友的方位就有不一樣的結果。

　　一般來說，三歲的幼兒能分辨上面和下面，四歲的幼兒能分辨前面和後面，五歲以後則是左邊和右邊概念的發展。運用在幼兒的學習方面，剛開始的辨別方位會以自己為中心來判別方向，再逐漸以其他的人或物為中心來判別。在教導特殊幼兒的早療課程目標中，個人會發現，很多家長或是特教老師往往只指導最基礎的方位認知，而忘記了客體的變化，方位也會跟變化，導致特殊幼兒在方位空間的學習上只習慣於以自身的方位來判別方向，缺少了加深和加廣的學習。

3-21

教學目標	認識上面和下面的概念

活動一：認識上面和下面

　　可以在鏡子前面，把帽子戴在幼兒的頭上，告訴幼兒，帽子戴在頭的上面；然後還是在鏡子前面，把綠色墊子放在幼兒的腳下面，這時候就可以告訴幼兒，○○的頭上面有帽子，○○的腳下面有墊子。接下來再要求幼兒抬起頭來，看上面有什麼——電燈、星星、風箏、飛機、小鳥；腳的下面有襪子、鞋子……。

活動二：矇著眼睛猜猜看

　　可以在矇著眼睛的狀況下，讓幼兒猜猜看，頭的上面多了什麼東西；腳的下面多了什麼東西（磚頭、椅子、鞋子……）。

活動三：紙上作業的上面和下面

　　一張白紙上，畫出一個「日」的圖形，要求學生在日的上方空間（或是下方）畫一個□（或是○、△），翻到後面是正確答案，讓幼兒自己修正是否正確。

3-22

教學目標	認識左邊和右邊的概念

活動一：以幼兒本身為中心，認識左、右手

　　教導認識右手，其方式可以在右手貼刺青貼紙，或是在右手指甲塗上紅色的指甲油，平日若用到右手的時候，便可以提醒他，伸出有紅色指甲的手（或是有刺青貼紙的手——貼紙的內容是以幼兒最喜愛的動物或是卡通圖案為主，才能吸引其注意），那是你的右手；但是一定要注意的是，經過數星期的練習之後，慢慢的將小拇指的指甲油擦掉，接下來將無名指的指甲油擦掉，再慢慢的將中指—食指—大拇指的指甲油擦掉，最主要的是作撤除的工作，讓幼兒了解雖然指甲沒有紅色了，但是還是右手；之前的指甲油最主要是以視覺提示之教學策略為主。接下來便是玩左手的遊戲，沒有紅色指甲的那一手是左手，讓幼兒分辨。

活動二：圖片的遊戲

　　平日可以玩認識圖片的遊戲，做法是把數張圖片依次排列在桌面上，當指導者唸到哪張圖片的時候，幼兒要很快的用**右手**蓋住該張圖片，誰先蓋到，誰就贏了。在這種狀況下，指導者必須適度的放水，讓幼兒有成功的機會；其他如玩心臟病的遊戲，翻圖片到所指定的圖片時，便需要用手蓋住圖片，此時的規定亦必須事先說明要使用右手，用錯手也算輸了。利用各種不同的遊戲方式，增加對於右手的認知。待其右手已經很熟練之後，接下來再逐漸更改遊戲規則，以左手玩以上的活動。

活動三：老師說的遊戲

　　告訴小朋友，老師說：「右手摸鼻子」、「左手摸嘴巴」、「右手摸頭，左手摸耳朵」……，逐漸增加指令的複雜度，不過很重要的是，其增加的速度拿捏是非常重要的關鍵，過與不及皆非上策。

活動四：以幼兒本身為中心，但是擴大左、右邊的概念

　　右手和左手都很清楚之後，便可以擴大到右手這邊是右邊，沿著右手掌再上去，便會碰到**右手臂**，右手臂再上去就是**右肩**，右肩再上去便會碰到右邊臉頰，右邊臉頰再上去便會碰到右眼。

　　右手伸到後面便會碰到右邊的屁股，右邊屁股再往下便是右邊大腿，右邊大腿再往下便是右邊膝蓋，右邊膝蓋再往下便是右腳踝，右腳踝再下去便是右腳掌，最後要求幼兒把右腳抬高高，把球踢出去！

活動五：貼貼紙來認識左、右邊

提供五種以上顏色的圓形貼紙，讓幼兒貼在畫有：

□　□

的白紙上，撕起一張貼紙，要求右手（左手）拿，當右手（左手）拿，便要貼在右邊（左邊）格子中，如此便可以重複多次的左、右邊的練習！

3-23

教學目標	會分辨深淺

活動：

　　教學的過程中，會把幼兒最喜歡的玩具放進較深的桶子裡面，再要求幼兒伸出手來拿，這時候指導者必須適時的把桶子壓住，以免桶子傾斜，而讓幼兒拿到玩具，同時指導者必須加入口語：「桶子好深，玩具拿不到！」

　　接下來可以更換不同的玩具，加深其對深的概念。

　　等到對深的概念建立之後，便可以加入淺的概念。

3-24

教學目標	會分辨輕重
教具名稱	輕重罐

相片紀錄

圖 3-24-1

圖 3-24-2

圖 3-24-3

圖 3-24-4

製作流程

1. 養樂多空罐兩個。
2. 材料的選擇：沙子、黏土、木屑、棉花、水裝滿空罐，一定要裝滿。
3. 另一個空罐不裝任何東西。
4. 以卡典西德將兩個罐子貼滿罐子外圍，貼的方式一定要一樣，讓外界看不到罐子的內部。

使用方法

1. 開始以重量差異較大的罐子來做比較。
2. 接下來再以重量差異較小的重量來做比較。

活動：好重喔！

　　平常可以要求孩子提自己的東西，例如玩具；把幼兒的玩具放在桶子裡面，讓幼兒移到另一個地方操作，趁其搬運的過程中讓孩子感受到很重，提不動的經驗，等到孩子已經建構出重的概念之後，再加入輕的概念。

3-25

教學目標	會做分類
教具名稱	配對遊戲

相片紀錄

圖 3-25-1

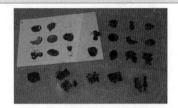

圖 3-25-2

製作流程

1. 找到相同類別的圖案，掃描後備用。
2. 將之以 3×3 的方式，將同類別的圖案排列在白色紙卡上（交通類—動物類—植物類—樂器）。
3. 另外以相同的圖案以個別的方式掃描一份，以個別的方式剪下來，並護貝。
4. 另外將每一張圖卡影印後，將之圖成黑色的影像，做成該圖案的影子。
5. 再以投影片紙影印圖案的影子，以利使用。

使用方法

1. 認識每一張圖片的名稱。
2. 拿起一張圖片，要求學生在九個圖片中找到該張圖片的位置。
3. 接下來一次找兩張。
4. 接下來一次找三張，依此類推到一次找出九張相同的圖片。
5. 接下來以黑色的影像找出圖片的位置。
6. 依照步驟 1.到步驟 4.的流程進行活動。
7. 最後把不同類別的圖形拿出來。
8. 要求學生進行類別的分類。

作業單　　　找找看影子在哪裡？

請剪下來再做配對。

3-26

教學目標	會把相同質地的物品分類

活動：

1. 會先收集不同質料的物件，兩個兩個一對。
2. 準備一個觸覺箱。讓孩子用眼睛看一看物件，摸一摸物件，再聞一聞物件。
3. 接下來說出物件的質料（塑膠、鐵製、木頭、砂紙）。
4. 然後丟到觸覺箱中，直到所有的物件皆處理完畢。
5. 指導者先從觸覺箱中抽出一個物件，要求學生透過眼睛看，然後靠著觸覺在觸覺箱中找出另外一個物件。
6. 當幼童都可以透過視覺的輔助找到相同材質的物件後。
7. 接下來再更換內容不同但是材質相同的物件，告訴幼兒雖然形狀不一樣，但是他們都是用一樣的材質所做出來的。
8. 接下來一一要求幼兒看到指導者手上的物件後，再找出相同質料的物件，答對的有增強物。

注意事項：

　　剛開始的物件分類，可以以相同的外形、相同的材質為分類標準，先從二擇一，再逐漸增加三擇一、四擇一，由簡到難。

3-27

教學目標	會依物品的相關性來分類

相片紀錄

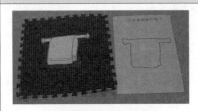

圖 3-27-1

圖 3-27-2

圖 3-27-3

圖 3-27-4

圖 3-27-5

圖 3-27-6

圖 3-27-7

圖 3-27-8

製作流程
1. 在白色影印紙畫上生活必需品的圖案。
2. 剪下來再加以護貝，依照外輪廓剪下來。
3. 在圖案後面貼上黏扣帶子帶。
4. 另外一張白色影印紙畫上圖案並在上方寫上該物件的功能（例如：洗臉要用的東西）。
5. 加以護貝，最後在圖案的輪廓中貼上黏扣帶母帶。

使用方法
1. 將數種不同種類的日常用品描繪下來。
2. 詢問幼兒：手髒了怎麼辦呢？
3. 若幼兒無法說出來，則可以手指著標的物，要求幼兒去拿毛巾。
4. 拿完之後協助他把手擦乾淨。
5. 也可以利用教導其他的精細動作時畫畫或是吃東西，把手弄髒製造情境，使其完成精細動作的學習。
6. 再要求上述的動作，若幼兒還是不清楚，拿出輪廓圖做提示。
7. 待其熟練之後，接下來減少視覺提示，只拿綠色墊子，將數種日常用品讓幼兒選擇正確的物件。
8. 可以先二選一、三選一、四選一，逐漸增加其困難度。
9. 其他：筆者常常會使用語音溝通版，在按壓的過程中，幼兒透過多感官的學習，常常更能縮短學習的時間。

 寫字要拿什麼東西？

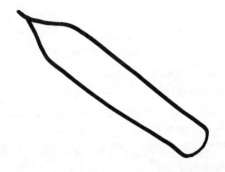

 -

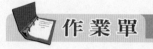 作業單　　　剪東西要拿什麼東西？

開門要拿什麼東西？

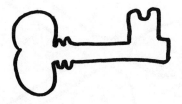

 -

 **作業單** 吹頭髮要拿什麼東西？

3-28

教學目標	能說過去發生的事情

　　對於事情的敘述能力是一件很重要的技能，一般會先從剛才發生的事情開始著手，例如，吃完一根棒棒糖，雖然吃完了，但是還有剩下一根木棒，所以藉此機會，我們便可以告知幼兒：「你剛才有吃一根棒棒糖，好好吃喔！」接下來可以問：「你剛才吃什麼東西好好吃？」諸如此類。

　　再逐漸延長敘述的時間，例如剛才發生的一件事情、兩件事情……，接著再學習敘述沒有留下痕跡的事情，其遵循的原則便是由剛發生的事情的敘述再逐漸回憶較長時間之前所發生的事情，最後再學習敘述白天在學校所發生的事情。

3-29

教學目標	數的概念教導

　　教導特殊兒童數學的時候，必須先考量其層次性，例如：

1. 剛開始的時候要教導小朋友能夠有對應的概念。
2. 分配物件不遺漏，例如：會一支湯匙配一個碗。
3. 對於排列的東西會依序一個一個的觸摸。
4. 邊觸摸邊數，能夠一邊一個一個的數到四。
5. 以手指比出相同數量的手指數。
6. 能夠把物和符號加以對應，例如把物件的數量以圈圈來表示。
7. 在唱數部分，雖然不會數數，但是會一個—兩個—三個地唱數。
8. 會數的動作和數詞能做對應，以手指一個一個依序指著正確數數，最後數數後能答最後之數。

　　在教導幼兒的經驗裡面，有一些孩子在點數的過程中，會出現很大的瓶頸，就是在點數的過程中發生困難：有的重複點算，有的卻漏掉了；所以針對這種困擾，常採取的措施便是移開的策略，亦即把物件一個一個移開到另一邊，但必須要注意的是，有的小朋友必須移的很開否則會搞混，有的小朋友則不能移的太遠，因為若移的太遠，會導致下一個數字無法接續；接下來則只觸摸而不移動物件，等到熟練候，則可以發展到不觸摸，只在一定距離外指點物體，最後只用眼睛區分物體並點數，以眼睛代替手的動作。點數的同時，最出要高聲說出數詞，然後再小聲說出數詞，在發展到動動嘴唇，最後階段則以默數的方式進行數數。在算數的過程中，皆循著一定的模式進行，剛開始手和語言動作相互聯繫搭配數數，慢慢的則撤除其明顯的動作和聲音，代之以內在語言的提醒。一般大班的幼兒已經可以學會默數的能力。

　　除此之外，在數法上，可以透過拍手、手指、步行或是以實物去學習如何數數。

3-30

教學目標	認識阿拉伯數字 1～10
教具名稱	數字砂字卡
準備材料	1. 西卡紙。 2. 砂紙（中砂）。 3. 護貝紙。 4. 雙面膠。

相片紀錄

圖 3-30-1

製作流程

1. 將砂紙依照數字的形狀剪下來。
2. 砂紙的背面貼上雙面膠。
3. 貼在已經護貝過的西卡紙上。
4. 其他亦可以把割下來的鏤空數字板，貼在護貝過的西卡紙上。

使用方法

1. 可以以水性彩色筆，在鏤空的數字板上寫字。
2. 寫完後可以擦拭乾淨重複使用。
3. 可以以手指頭在砂字上觸寫，加強數字的認識。

3-31

教學目標	以手指比出代表量
教具名稱	手指模仿板

相片紀錄

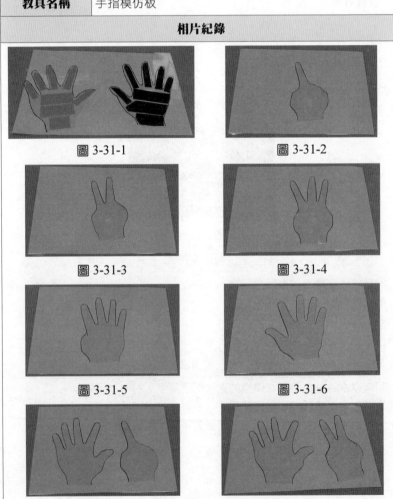

圖 3-31-1

圖 3-31-2

圖 3-31-3

圖 3-31-4

圖 3-31-5

圖 3-31-6

圖 3-31-7

圖 3-31-8

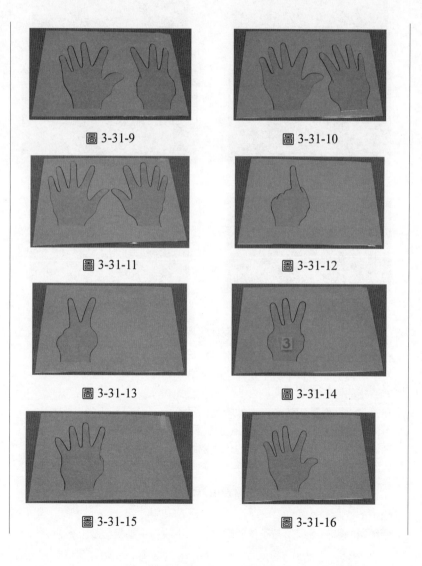

图 3-31-9

图 3-31-10

图 3-31-11

图 3-31-12

图 3-31-13

图 3-31-14

图 3-31-15

图 3-31-16

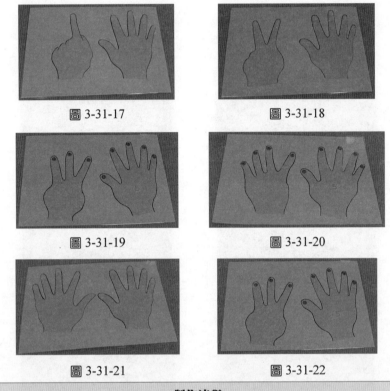

圖 3-31-17　　　　　　　　圖 3-31-18

圖 3-31-19　　　　　　　　圖 3-31-20

圖 3-31-21　　　　　　　　圖 3-31-22

製作流程

1. 在黃色的紙和綠色的紙上，依照手指的大小描繪所需的手指大小（1～10）。

2. 左手是黃色的手掌，右手是綠色的手掌。

3. 將手指的圖形剪下來。

4. 在指尖上貼好黏扣帶子帶，做觸覺之用。

5. 另外一種做法，可以視孩子的個別差異，在紙間處，貼上紅色圓形貼紙。

6. 在貼紙上依次寫上該手指數的代表數字。

7. 超過5的數字，則必須在5的手掌上貼一張黃色的貼紙，並寫上5的字樣。

使用方法

活動一：

1. 剛開始的時候可以請孩子依照順序，把手放在手指模型版上。

2. 依照手指的位置，要求先找到每一個指尖的位置，一一的放上去。

3. 接下來再把剩下的手指收起來。

4. 跟著指導者覆述手指的數目（圖3-31-1到圖3-31-19）。

5. 另外一個做法為在指尖上，貼上紅色的貼紙，並且依序寫上數字，提醒孩子手指頭的數量。

6. 筆者之前會搭配科技輔具語音溝通版的方式，當版面的位置得當，按壓下去的時候聲音亦隨之而起，此種觸覺聽覺和視覺的結合亦可以增加孩子的學習成效。

活動二：

　　當孩子已經能夠把手指的動作立刻比出來的時候，便可以進行以下的活動：

1. 拿起圖形請孩子依照上面的圖樣比出相同的動作。

2. 比出動作後，請幼兒數數手指頭的數量。

注意：有些幼兒在超過 5 以後的數量後，因為要數另一手的數量，所以會把原先所比的手指數縮回，導致無法計算，所以此時要使用的教材便是圖3-31-20的教具。當一邊是5，另一邊是1時，會教小朋友數5時要握拳，接下來再繼續數六，如此便不會要數五的這手手指而導致另一手的混亂。

3. 重複數次後，可以要求幼兒，看圖片立刻說出所代表的量，而翻到後面便可以看到答案是否正確（有數字的字卡可以貼在圖形卡的後面）。

活動三：

　　玩「請你跟我這樣做」的遊戲，要跟指導者所比的方向有一致性。

1. 當指導者右手比3，左手比5。

2. 幼兒必須依照其自己相同的方向，右手比3，左手比5。

3. 示範者轉身（轉向與幼兒同向），審視是否同向與答對。

4. 待熟練後，可以加快閃示的速度，縮短幼兒的視覺辨示所需時間。

3-32

教學目標	能依數量比出手指
教具名稱	手指黏貼板

相片紀錄

圖 3-32-1

圖 3-32-2

圖 3-32-3

圖 3-32-4

製作流程

1. 西卡紙剪成手指形狀護貝。
2. 剪的時候外圍以圓弧形為主。
3. 依照左右手顏色做分辨。
4. 在每根手指頭的指尖，貼上黏扣帶子帶。
5. 在手掌心的部位，亦貼上黏扣帶子帶。

使用方法

1. 要求幼兒帶上手套。
2. 指導者手比「1」。
3. 拿出「1」的手指板。

4.要求幼兒將食指伸出來。
5.指向「1」的指尖手指部分。
6.其他部分的手指收起來。
7.黏貼住手指板的手掌部位。

3-33

教學目標	數與量的認識
教具名稱	數量夾子
準備材料	1. 西卡紙。 2. 圓形貼紙。 3. 夾子 10 支。

相片紀錄

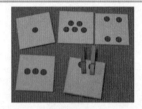

圖 3-33-1

製作流程

1. 西卡紙護貝。
2. 圓形貼紙貼在適當的地方（當孩子的程度不是很好的時候，可以把貼紙儘量貼在靠近外框的地方，以利夾子夾的時候可以做一對一的對應）。
3. 若孩子可以進行數數的動作時，則貼紙可以往中間集中。

使用方法

活動：
1. 拿出固定數量的小夾子要求幼兒找出一樣的點數卡。
2. 依照點數，夾上去。
3. 審視是否一樣多。
4. 若有錯誤，要求做修正。

3-34

教學目標	會數數
教具名稱	數量排列板
準備材料	1. 白色和黃色影印紙各 2 張。 2. 電腦或是黑色簽字筆。

相片紀錄

圖 3-34-1

製作流程

1. 以電腦打出相同的格子。
2. 以黃色影印紙影印。
3. 將黃色格子的部分切割下來。
4. 加以護貝。

使用方法

基本條件：
　　會辨識阿拉伯數字 1-10 的幼兒。

活動一：
1. 可以將積木或是幼兒喜歡的玩具為數量的數數物件選擇。
2. 詢問幼兒一共有多少輛汽車？（以汽車為例）
3. 一輛一輛依序開進去黃色的格子裡面。
4. 最後自左而右數數。
5. 最右邊的一輛汽車下面的數字為何，便是其汽車的數量。

活動二：
1. 做為學生的代幣制數數的依據。

2.要求操作教具，或是在指令下完成指導者所要求的一項任務。

3.給幼兒一個籌碼，排放在空格處。

4.事先約定，只要排滿 5 個空格，便給增強物。

5.若發現幼兒對 5 個的概念已經建立後，便可以增加數量到 10 個數量的認識。

活動三：

1.將此教材影印或是縮小（可使用乖寶寶計算卡）。

2.與幼兒事先約定，只要能在要求下操作教具，或是在指令下完成指導者所要求的一項任務，便可以在格子裡面畫 1 個○（或□或△，依幼兒目前正在學習的精細動作目標而定）。

3.剛開始只要畫滿 5 個○，便可以得到增強物。

4.接下來再增加為必須畫滿 10 個○，才可以得到增強物。

5.在過程中，可以詢問與審視，目前的數量已經到達多少的量？逐次審視，並增加其數量的認識。

1	2	3	4	5

6	7	8	9	10

乖寶寶計算卡

1	2	3	4	5	6	7	8	9	10
1	2	3	4	5	6	7	8	9	10
1	2	3	4	5	6	7	8	9	10
1	2	3	4	5	6	7	8	9	10
1	2	3	4	5	6	7	8	9	10
1	2	3	4	5	6	7	8	9	10
1	2	3	4	5	6	7	8	9	10
1	2	3	4	5	6	7	8	9	10
1	2	3	4	5	6	7	8	9	10

3-35

教學目標	數的認識	
教具名稱	骰子——數的認識	
準備材料	凸點骰子： 1. 四開西卡紙。 2. 厚泡棉、剪刀。 3. 寬膠帶。	貼紙骰子： 1. 四開西卡紙。 2. 圓形貼紙。 3. 寬膠帶。

相片紀錄

圖 3-35-1　凸點骰子

圖 3-35-2　貼紙骰子

製作流程

凸點骰子：
1. 先以西卡紙裁成 10cm×10cm 六個，側邊各一個 10cm×10cm 的正方形。
2. 把正方形的西卡紙貼好成一個正立方體。
3. 利用寬膠帶將骰子的四周包裝好。
4. 將泡棉剪成 21 個圓圈圈。依次將每一面貼成：1—2—3—4—5—6 個圈圈。

貼紙骰子：
1. 先以西卡紙裁成 10cm×10cm 六個，側邊各一個 10cm×10cm 的正方形。
2. 把正方形的西卡紙貼好成一個正立方體。
3. 利用寬膠帶將骰子的四周包裝好。
4. 將有對比色的貼紙，選出 21 個圓圈圈。依次將每一面貼成：1—2—3—4—5—6 個圈圈，或是視孩子的能力加減其圈圈數。

備註：
點點的材質可以視狀況做調整，例如砂紙、黏扣帶子帶亦可。

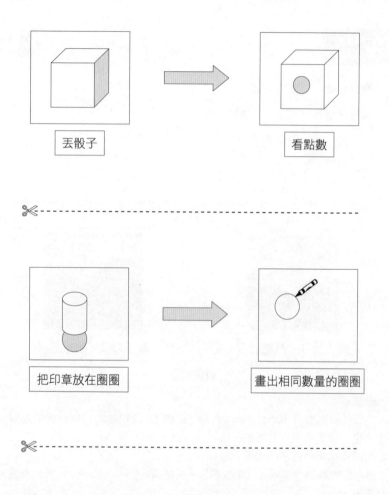

丟骰子　　　　　　　　看點數

把印章放在圈圈　　　　畫出相同數量的圈圈

寫出代表的數字

3-36

教學目標	會做 10 的分與合
教具名稱	骰子——10 的分與合
準備材料	數字骰子： 1. 四開西卡紙。 2. 數字、剪刀。 3. 寬膠帶。	貼紙骰子： 1. 四開西卡紙。 2. 圓形貼紙。 3. 寬膠帶。

相片紀錄

圖 3-36-1　數字骰子

圖 3-36-2　貼紙骰子

製作流程

數字骰子：

1. 先以西卡紙裁成 10cm×10cm 六個，側邊各一個 10cm×10cm 的正方形。
2. 把正方形的西卡紙貼好成一個正立方體。
3. 利用寬膠帶將骰子的四周包裝好。
4. 將數字依照其 10 的分合依次將每一面貼成：7—3、8—2、9—1、6—4、5—5、4—6、3—7（如圖 3-36-1）。

貼紙骰子：

1. 先以西卡紙裁成 10cm×10cm 六個，側邊各一個 10cm×10cm 的正方形。
2. 把正方形的西卡紙貼好成一個正立方體。
3. 利用寬膠帶將骰子的四周包裝好。
4. 將有對比色的貼紙，選出 21 個圓圈圈。依次將每一面貼成：1—2—3—4—5—6 個圈圈，或是視孩子的能力加減其圈圈數。

備註：

點點的材質可以視狀況做調整，例如砂紙、黏扣帶子帶亦可。

使用方法

1. 示範者先拋出其中的一個骰子。

2. 從另外一個圓點骰子中，找出阿拉伯數字的組合。

3. 紅色數字找紅色的圓點，藍色的數字找藍色的圓點。

4. 請幼兒根據點點的數點數加總（一共是 10）。

5. 再用另外一張紙，寫下骰子上面的數字。

6. 依序翻到骰子的另外一邊。

7. 請幼兒根據點點的點數加總（一共是 10），接著紀錄到另一張紙上。

8. 當所有的面都算完之後。

9. 跟幼兒做總結（4 和 6 是好朋友，3 和 7 是好朋友，2 和 8 是好朋友，1 和 9 是好朋友，10 和 0 是好朋友）。

10. 玩「誰和誰是好朋友」的遊戲。

11. 指導者丟出藍色的骰子。

12. 幼兒找出紅色的好朋友貼紙。

13. 找尋寫下的數字組合加以比對是否正確。

14. 給增強物。

作業單　　　10 的分與合

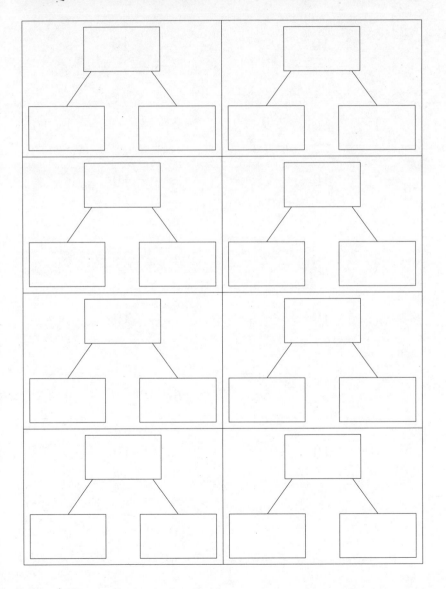

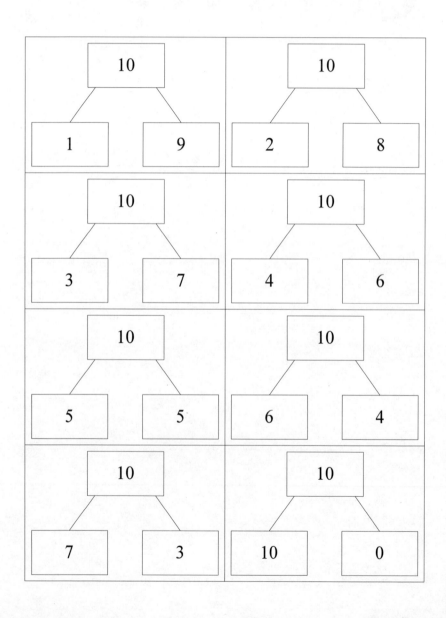

教具名稱	分合板

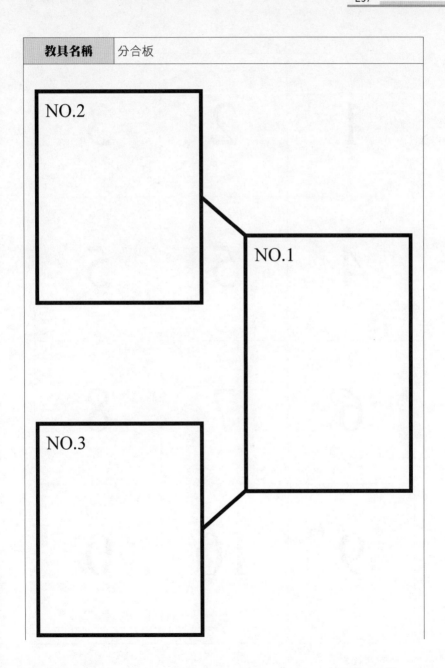

1	2	3
4	5	5
6	7	8
9	10	0

使用方法

1. 附件的教具可以放大使用。

2. 先拿出小方塊 10 個。

3. 請小朋友數數:「10 個」,要求拿出 10 的卡片。

4. 放在 NO.1 的格子裡面。

5. 接下來指導者將其中的 1 個小方塊放到 NO.2 的格子裡,請小朋友數數,
然後把 1 的卡片放進 NO.2 的格子裡,接下來請小朋友把剩下來的 9 個小
方塊放進去 NO.3 的格子裡,數數後再把數字卡放進去 NO.3 的格子裡。

6. 接下來請小朋友把字卡上的數字唸出來,1 和 9 是好朋友,1 個和 9 個合
起來便是 10 個。

7. 每操作一次便填寫在「10 的分與合」作業單內。

8. 接下來依此步驟,直至結束。

9. 審視剛才所操作的內容。

10. 複習數字的朋友組合。

3-37

教學目標	有一雙的概念

　　指導幼兒認識一雙的概念時，先從日常生活中最常接觸到的物品為主，例如：一雙襪子、一雙鞋子、一雙筷子……。

活動一：

1. 吃飯的時候，可以準備一張紙，上面畫好一個圓形，圓形的旁邊畫好兩根筷子大小的外框圖形。
2. 請幼兒幫忙準備餐具。
3. 依次將餐具準備圖放在桌上，要求幼兒依次擺好碗和筷子。
4. 再把碗和筷子放在桌上。

活動二：

1. 吃飯的時候只給幼兒一根筷子，要求他吃飯。
2. 幼兒有可能不知道該如何是好。
3. 再趁機告知，吃飯要拿「一雙」筷子才能吃飯。

活動三：

1. 外出時，要求幼兒把一雙鞋子拿出來。
2. 回家時也會把一雙鞋子擺好在鞋櫃裡面。

其他：

　　平常可以要求幼兒幫忙把家裡的鞋子加以整理。一雙一雙擺好。洗好的襪子也可以請幼兒一雙一雙的找出來疊好，加強其一雙的概念。

3-38

教學目標	會分辨一半和整個

　　雖然五歲到五歲半的一般幼兒，才能夠真正辨識一個和一半的能力，但是在兩歲半左右的幼兒就很喜歡玩水果蔬菜切菜盤的切菜遊戲，透過具體的實物操作，可以學習切的動作，接下來是找個另外一半，再切開，透過這種重複的操作，讓幼兒從數種水果或是蔬菜模型中找到相同的另外一個（半）；透過剛開始的認定──找一樣的，再逐漸延伸到找到「西瓜」「楊桃」的另一半。以下幾個活動由淺入深，透過不同型態的操作來認識一半和整個的概念。

　　在日常生活中，亦可以利用吃水果的時候加以應用，例如：蘋果一個太多了，跟幼兒一人分一半；餅乾太大塊了，一人分一半……，諸如此類，增加孩子對一半的概念。

3-39

教學目標	會做數字的順序排列
教具名稱	數字順序表
準備材料	1.有電腦打的順序字卡 1～5。　2. 1～5 的卡片。 3.護貝紙。　　　　　　　　4.有背膠的黏扣帶。

相片紀錄

圖 3-39-1

製作流程

1.先以電腦將阿拉伯數字 1～5 打出來。
2.再打出相同另外一張，但是剪下來。
3.加以護貝。
4.貼上黏扣帶子帶。
5.在長條紙上貼上黏扣帶母帶。

使用方法

1.拿起完整的 1～5 字條。
2.將其他四個字 2～5 先蓋起來。
3.剩下的 1，要求學生先從 1～5 的字卡中找出來配對。
4.接下來把 3～5 蓋起來，要求幼兒把 2 的字卡找出來，並放在長條字卡上的 2 上面。
5.其他依此類推直到 1～5 完整的數字。
6.要求幼兒看著長條字卡上的數字依次貼到黃色的長條紙卡上。
7.若幼兒已經學會 1～5 便可以延伸到 6～10。

3-40

教學目標	會找 1～10 中少了何種數字

在 1235 字的下方寫下 1～5 的阿拉伯數字，再一一比對

1235
①②③ 4 ⑤

並加以圈選出來，之後把沒有圈選出來的字標示，便是答案。

接下來才是 1～10 中找出其缺少的阿拉伯數字。

教具名稱	依量找字

相片紀錄

圖 3-40-1

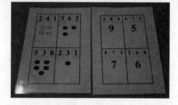

圖 3-40-2

製作流程

1. 以電腦將數量打出來。
2. 加以護貝。

使用方法

1. 丟骰子。
2. 要求幼兒找到相同的量。
3. 對照上面的數字。
4. 說出數量。

3-41

教學目標	數與量的配對
教具名稱	數與量的認識

相片紀錄

圖 3-41-1　　　　　　　　圖 3-41-2

製作流程

1. 黑色的軟性磁片。
2. 依次剪下 0～10 的數字。
3. 圓形磁鐵。

使用方法

1. 在紙卡上畫出數字和圓點數。
2. 讓幼兒練習以貼紙的方式貼滿固定的量。
3. 把軟性磁片黏貼在有磁性白板上或是鐵的餅乾盒中。
4. 再要求幼兒依照紙卡上的點數，貼在黑色的軟性磁片上。

數學

請把下面相同的數字圈起來

⑤

8	7	6	9
2	1	5	
6	7	3	7
9	5	5	2
7	3	4	
9	5	4	
1	3	6	5

3-42

教學目標	數與量的認識
教具名稱	彈珠洞洞排列板
準備材料	*1.* 透明塑膠L夾。 *2.* 厚紙版。 *3.* 卡典西德。 *4.* 美工刀。 *5.* 彈珠。 *6.* 木珠。

相片紀錄

圖 3-42-1

製作流程

1. 將透明塑膠L夾貼在厚紙板上。
2. 將卡典西德紙的數字剪下來。
3. 貼在透明塑膠L夾上面。
4. 依數字的量挖成彈珠大小的洞。
5. 把彈珠放在洞上面，不會掉落為原則。

使用方法

1. 教導者將彈珠（木珠）示範放置在洞上面。
2. 再要求幼兒依次將木珠放在剩下數字卡片上的洞。
3. 拿一個空的罐子。
4. 拿起 1 的卡片。

5. 將上面的彈珠（木珠）丟到罐子裡面。

6. 同時口中唸出：「1個。」

7. 依序將所有的數量丟擲入鐵的空罐中（有聲音的回饋，更能引起孩子的注意力與動機）。

8. 要求幼兒拿出其中一個數字的量。

9. 教導先選出阿拉伯數字，接下來再把彈珠放置在洞上面，最後再把上面的彈珠拿起來。

3-43

教學目標	會指認硬幣
教具名稱	認識錢幣一、五、十元
準備材料	1.珍珠版。 2.薄泡棉。 3.油性細字筆。 4. 10 的倍數和 5 的倍數的字條。

相片紀錄

圖 3-43-1

製作流程

1. 薄泡棉紅綠各一片。
2. 拿出五元硬幣在適當距離描繪 25 個圓圈。
3. 以剪刀剪下來。
4. 背面以雙面膠貼好，固定在珍珠板上。
5. 裁切適當大小。
6. 在圈圈裡面以細字油性筆，寫下「10」、「15」、「20」……。
7. 將「5 的倍數」字樣貼在教具的最上端。
8. 拿出十元硬幣，依2.～5.步驟完成，在 10 個圈圈裡面分別寫上「10」、「20」、「30」、「40」、「50」……「100」。
9. 將「10 的倍數」字樣貼在教具最上端。
10. 完成 5 和 10 的倍數齊格板。

作業單　　　錢幣

相片紀錄

圖 3-43-2

圖 3-43-3

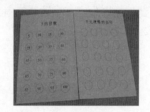

圖 3-43-4

製作流程

1. 作業單五張。
2. 一元拓印表：A4 紙張，上面有 20 個圈圈。
3. 五元拓印表：A4 紙張，上面有 20 個圈圈。
4. 十元拓印表：A4 紙張，上面有 10 個圈圈。
5. 5～10 的倍數表，圈圈裡面必須有 5 的倍數的數字。
6. 最後亦可以將圈圈裡面的數字消除，做評量的練習。

注意事項：

　　魔術箱一個，裡面放入錢幣 50 枚，其數量如依次為`一元 20 個，十元 10 個，指導者把手放進去魔術箱裡面，攪動發出聲響，引起動機。

1. 請小朋友猜猜看，魔術箱裡面有什麼東西？
2. 若小朋友猜不到，可以給予提示，可以買小朋友最喜吃的東西來吃喔！
3. 答案揭曉：那就是——錢。

4.接下來請小朋友辨識一元錢幣上面的字，並且摸一摸一元錢幣的大小。

　(1)請小朋友把手伸進去箱子裡面，找出相同的錢幣。

　(2)接下來把錢幣放進去一元的齊格板中。若是拿錯錢幣，將無法放進去
　　齊格板中，連續數次。

　(3)接下來拿出十元的硬幣，辨識上面的數字，依次要求小朋友抽出來，
　　放入齊格版中。

　(4)提供增強物，結束課程。連續數次之後，再拿出五元硬幣放入魔術箱
　　中，依以上的步驟置入齊格板中。

綜合活動：

猜猜看指導者的拳頭中握的是幾元的錢幣？

注意事項：

　　先以一元和十元的錢幣加以分辨，是因為二者大小的差異較大，比較
容易分辨。

3-44

教學目標	錢幣的認識
教具名稱	錢幣凹陷齊格板

相片紀錄

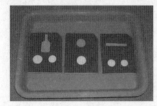

圖 3-44-1

圖 3-44-2

圖 3-44-3

圖 3-44-4

製作流程

1. 以一塊珍珠板為底部。
2. 以數位相機將幼兒喜歡的食物拍攝下來。
3. 將薄泡棉剪成同價格錢幣大小的圓圈。

使用方法

1. 剛開始讓幼兒不必認識錢幣的幣值，只讓他做鑲嵌的動作引起動機。
2. 接下來和幼兒討論幣值的命名。
3. 把每一個夾鍊袋撕開，將銅板依其幣值分類並置入袋中。

3-45

教學目標	認識時間

　　時間是人類生活的必備技能，但是若要特殊幼兒也能獲得此項技能，那就要考慮幼兒的學習成熟度，並配合其發展來提供指導了。在時間的指導上可以分為時刻和時間的指導和年月日的指導，在培養時刻和時間的基礎概念時，可以考慮配合一天的流程，使其關心其早上—中午—晚上的時刻，也就是說，利用幼兒的早上要上幼稚園，乃至放學、就寢的情境製成視覺提示卡片，以時刻與工作內容來做教學的分類依據，而非一開始便詢問幼兒早上要做什麼事情。

　　若幼兒能夠感覺到白天和晚上，而且能夠辨識，那就表示有學習時間的基礎了，另外跟幼兒最有相關性的的事情——日課表，也是一項視覺線索，因為日課表是配合時間來進行，雖然幼兒不見得可以閱讀文字，但是指導者可以由兩根指針的位置來提供指導，再慢慢導入時刻的學習，在特殊兒童的日課表方面，會視孩子的程度來做不同的依據，例如：體能活動、畫一個人踢球、律動課畫鈴鼓……，來做替代。

　　其教具的製作可參考以下教具的製作與使用說明。

　　讀時鐘的教導，也可以融入幼兒最喜歡看的電視卡通節目的時間為其學習的動機，藉由節目中的節目程序，告訴幼兒，當短針在〇〇地方和長針在〇〇地方的時候，卡通節目就開始了。吃飯的時候可以要求幼兒在某個限定的時間內把要求的事情完成，並加上增強物的提供，如此當幼兒感覺到時鐘與時間的存在時，則教學效果就會事半功倍了！

　　若談到正式的時鐘教學步驟歷經，由整點的認識開始再到幾點半，至於要進展到以一分為單位的時刻閱讀，就要教導「10、20、30……」、「5、10、15……」數的學習與搭配，比較能學習成功。此外，也要設法在具體操作中得到此能力，其最終的目的也是要他們能夠把時間融入在日常生活中，但因為時鐘有很多種類型，有的是以數字為主，有的以羅馬數字為主，但是有的卻沒有任何數字，只有以點來替代，有的則以電子錶的形式呈現；在剛開始時，可先以阿拉伯數字的時鐘為主，待觀念清楚之後再與以類化到其他的時鐘，進而能讀簡單的時刻表，這將有助於日後日常生活的運用，例如：搭乘交通工具火車時刻表……，往往是以「時：分」來表示。

　　總而言之，對於時間的學習其順序為生活的連結——時鐘長短針——數字的辨認（1～12 或是 1～24）——看時鐘報讀整點——藉時鐘報讀某時 30 分的方法——數字的讀法、算法——寫法（1～60）——以長針讀 10 分的方法——由時鐘讀某時 10 分、某時 20 分、某時 30 分——以長針讀 5 分、10 分、15 分——藉由時鐘的長針讀某時 5 分、某時 10 分、某時 15 分——最後再由時鐘讀某時某分的方法，依次指導其學習。

　　幼兒階段的孩子，在年月日與日曆的指導上，最基礎性的學習是由其日課表開始，能區別今天、明天、後天、大後天，會關心今天是星期幾，能了解一星期有七天，這些目標都必須涵蓋其中。

3-46

教學目標	能知道昨天—今天—明天
準備材料	1. 影印紙。 2. 護貝紙。 3. 黏扣帶。

相片紀錄

圖 3-46-1

製作流程

1. 作業單的製作，並貼上黏扣帶母帶在中間的部位。
2. 數字 1～31 的紅色字，加以護貝。
3. 大前天—前天—昨天—今天—明天—後天—大後天的字卡，加以護貝。
4. 後面貼上黏扣帶子帶。
5. 也可以將大前天—前天—昨天—今天—明天—後天—大後天，做一個紙卡如附件（頁 256），只要往後移動便可以找出之間的關係。

使用方法

1. 將該天所發生的事情，逐次以圖案或是文字（視孩子的學習方式、能力或動機為選擇的依據）加以呈現。
2. 以便利貼的黃色字條貼在今天 A4 紙的後面。
3. 待其晚上就寢前，與孩子討論今天曾經發生過或是做過什麼事情，加強其今天的概念。
4. 過了一天之後，請孩子翻開日曆，找到今天的日期。
5. 把 A4 紙的教材依序排放在桌面上，家長必須在事前把昨天、今天、明天的教材依序排放。

6. 把「今天」的字卡，往後移一個位置。

7. 此時今天的時間便會有所更動。

8. 接下來詢問小朋友，昨天有發生什麼事情呢？

9. 小朋友便可以在昨天的A4紙的教材上找到昨天所留下來的事蹟與紀錄，因為眼見為憑，同時也是幼兒的親身經歷，比較能夠理解並感同身受，因為時間本身便是一段生命的歷程。

10. 當孩子對於今天—昨天有概念之後，便可以再加入明天的學習，一般會從先從比較特別性的事情開始，讓孩子有所期待或感受較深刻，例如：尚未就學的幼兒可以以明天媽媽要去買披薩或是買布丁回家、明天要去台北玩……；已經就學的幼兒，則可以以日課表來整理自己的書包，若有較吸引孩子的課程，則更可以藉機告訴孩子明天有〇〇課，在課堂中老師會有……，讓孩子有所期待，不僅可以幫助幼兒認識時間也可以培養其負責的態度。

11. 當孩子對於昨天、今天、明天有概念以後，便可以再每天進行認知課程。先找到日曆，把今天的日期找出來，再依次把明天、後天、大後天的卡片往右排列，接下來再把昨天、前天、大前天的卡片依次往左排列。

附件：關係排序卡

大前天	前天	昨天	今天	明天	後天	大後天

3-47

教學目標	能認識課表
準備材料	1. A3 規格的紙。 2.黃色和綠色影印紙。 3.黏扣帶。 4.護貝紙。

相片紀錄

圖 3-47-1

製作流程

1. 以 A3 規格的紙，其表格的中間以空白的方式呈現。
1. 加以護貝。
2. 在每個空白的地方貼上黏扣帶母帶。
3. 每個活動以圖案方式呈現。
4. 將每個活動圖片分別加以護貝。
5. 在每張圖片後面貼上黏扣帶。
7. 在課表的最右側貼上一條直立的黏扣帶母帶。

使用方法

家長使用：
1. 每天晚上就寢前。
2. 拿出課表，將早上到下午的課程一張一張撕開，黏到右邊的長條狀黏扣帶母帶上。
3. 說明今天的課表內容並詢問今天的課程內容。
4. 說明明天的課程表。

老師使用：

1. 每天上學的時候，把今天的課程內容一一說明。
2. 每說明一節，便把該張圖卡撕下來。
3. 貼在右邊的黏扣帶母帶部分。
4. 說明完畢，則將圖卡一一貼回去。
5. 每上完一節課，便可以把該節課的圖卡撕下來，貼在右邊直條部分。
6. 當每一張都撕下來之後，今天的課程就結束了，讓孩子對未來即將發生的事情能有所了解。

3-48

教學目標	能按照邏輯順序排列
教具名稱	次序排列板
準備材料	1. 木板塊 20cm × 20cm。 2. 藍色的不織布尺寸同上。 3. 信誼 123 小方塊 32 塊。 4. 8×4 格的白紙。 5. 護貝紙。 6. 黏扣帶。

相片紀錄

圖 3-48-1

製作流程

1. 木板塊 20cm × 20cm。
2. 藍色的不織布。
3. 信誼 123 小方塊。
4. 8×4 格的白紙。
5. 護貝並貼上黏扣帶母帶。
6. 在小方塊後面貼上黏扣帶子帶。

使用方法

1. 先在第一列的地方貼上橘色—藍色—橘色—藍色的小方塊。
2. 要求幼兒依序排好相同的顏色。
3. 教導者再貼上紅一黃一紅一黃的順序。

4.要求幼兒依序排好相同的顏色。

5.要求小朋友跟著指導的覆述：橘色─藍色─橘色─藍色……，讓幼兒了解其規則性。

6.只排最上面的 4 個，先讓幼兒說出其規則性。

7.剩下的讓幼兒依序完成。

3-49

教學目標	認識次序的概念
教具名稱	次序排列串珠盤

相片紀錄

圖 3-49-1

圖 3-49-2

製作流程

1. 以彩色筆將木珠的顏色依序畫好。
2. 加以護貝。
3. 以打洞機在右上角打洞。
4. 以鐵環加以扣好。
5. 擺放在托盤中,提供相同數量的棉線。
6. 圖案由簡單再逐漸到困難(依序:同色同型的木珠—不同色但是同型的木珠—不同色也不同型)。
7. 指導幼兒將一張一張圖卡上的圖案,以木珠將之串成一條木珠鏈。

使用方法

1. 先拿出一張圖卡。
2. 依次說明木珠的式樣。
3. 先請幼兒找出所有相同式樣的木珠。
4. 接下來再把符合的顏色依次找出來。
5. 原則上串珠的內容會因為幼兒的精細動作而做修正,例如:精細動作不好的幼兒,先以圓柱木珠為主,待其串的動作愈精熟,再逐漸增加球體的木珠。

3-50

教學目標	次序的認識
教具名稱	次序板
準備材料	1. 兩張五格紙。　　2. 綠色的影印紙。 3. 護貝紙。　　　　4. 黏扣帶。

相片紀錄

圖 3-50-1

製作流程

1. 上面的格子國字為 第1 、 第2 ……到 第10 。
2. 第5 和 第6 之間可以以黏扣帶相連接。

使用方法

1. 以幼兒喜歡的玩具為主（例如：小汽車）。
2. 將汽車放在空格部分。
3. 和孩子玩排隊的遊戲。
4. 告訴幼兒第一輛汽車是○色、第二輛汽車是○色……到第五輛汽車是○色的。
5. 當幼兒很清楚第1到第5輛汽車的顏色之後。
6. 接下來可以更換不同的玩具在空格內。
7. 依次再告知其順序第6到第10。
8. 把所有的玩具放置在旁邊。
9. 要求幼兒把某一樣玩具放在第○個位置。
10. 答對了便可以玩該樣玩具。
11. 待其熟練之後，便可以撤掉紙卡的提示。

第 1	第 2	第 3	第 4	第 5

第 6	第 7	第 8	第 9	第 10

3-51

教學目標	國字的認識
教具名稱	國字的認識與書寫

相片紀錄

圖 3-51-1

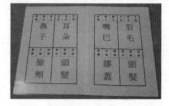

圖 3-51-2

製作流程

1. 西卡紙剪成 10cm×10cm 大小的正方形。
2. 加以護貝。
3. 依次以美工刀切開成如圖 3-35-1 的鏤空字。
4. 在筆順剛開始的起始點貼上一張小圓形貼紙，作為起始點。

使用方法

1. 先在西卡紙字卡的下方，墊一張紅色的紙張。
2. 展示給小朋友看清楚，說明字的唸法。
3. 要求幼兒以手指依筆順觸摸。
4. 把紙移開至空白的影印紙上。
5. 拿出鉛筆，依照鏤空的地方，依序寫下整個字。
6. 認寫字的步驟完畢，以圖 3-51-2 作業單做評量。
7. 把與作業單下面國字相同的字圈起來。
8. 透過剛才的流程，讓幼兒對字的字形有概念之後，便可以直接看著字卡來做辨識與學習，不用每個字都要用鏤空字的方式來學習。

3-52

教學目標	相同物件的分類

相片紀錄

圖 3-52-1

圖 3-52-2

圖 3-52-3

圖 3-52-4

製作流程

1. 相同的積木兩塊。
2. 背面貼上黏扣帶子帶，另一塊貼上黏扣帶母帶。

使用方法

1. 先在桌上放下兩塊相同的積木。
2. 要求幼兒把一樣的積木找出來。
3. 把它們兩塊貼起來。
4. 接下來拿 3 塊積木，其中兩塊是一樣的，另一塊是不同的，要求幼兒找出一樣的。
5. 再逐漸增加不同的選項，要求找出來，增加其困難度。
6. 其他如彩色的嵌形板操作亦是先備的知識。

3-53

教學目標	視覺記憶的練習
教具名稱	視覺魔術箱

相片紀錄

圖 3-53-1

圖 3-53-2

圖 3-53-3

圖 3-53-4

圖 3-53-5

圖 3-53-6

圖 3-53-7

製作流程

1. 四片 30cm×60cm 的木板，其中一面切開，以利另一片薄木片可以從其接縫中推進去（圖 3-53-6）。
2. 兩片 30cm×30cm 的木板做其上面邊和下面底邊，上面邊則做一個 10 公分的觀察口（圖 3-53-2）。
3. 內部可以以木板做活動的隔開板，可將觀察相隔開成兩層（圖 3-53-3）。
4. 上面的 5 公分處和隔開板的下面 5 公分處，各設一個小型燈泡（圖 3-53-7）。
5. 開關設在外面側邊處（圖 3-53-1）。
6. 為了增加其機動性，電池設在內側（圖 3-53-6）。

使用方法

活動一：深淺的認知

1. 可以將球放在最底下的部分，要求學生伸出手來拿。
2. 當幼兒拿不到的時候，可以告知，太深了拿不到。
3. 把分隔板推進去，箱子頓時便變淺了。
4. 再把球放進去。
5. 要求幼兒拿球，當然很輕易的就拿到球了。

活動二：視知覺的訓練

1. 圖卡準備好。
2. 關燈。
3. 圖卡放進去。
4. 開燈。
5. 讓幼兒從觀察口看圖片五秒鐘後關燈。
6. 詢問幼兒看到什麼圖片。
7. 若沒辦法說出來，可以再看一次。
8. 再沒辦法說出來，則可以給予提示。
9. 若能力逐漸具備，則可以看一次之後再換下一張，要求說出兩張圖片的名稱。
10. 接下來三張——增加其視知覺的記憶長度。

3-54

教學目標	會仿砌配圖

相片紀錄

圖 3-54-1　　　　　　　　　　圖 3-54-2

製作流程

1. 各種顏色的軟性磁片。
2. 剪成各種需要的形狀，兩組。
3. 在兩張白紙上描繪所需的圖形。
4. 製作的原則是：
   (1)同大小、同顏色、不同形狀的仿砌。
   (2)同大小、不同顏色、相同形狀的仿砌。
   (3)同大小、不同顏色、不同形狀的仿砌。
   (4)不同大小、不同顏色、不同形狀的仿砌。
5. 每個仿砌的圖形必須是具有實際上的代表意義。

使用方法

1. 指導者拿出一個正方形木頭積木，再拿出另外一個三角形積木。
2. 將正方形積木，直立起來，要求幼兒將三角形積木放在正方形積木的上面。
3. 告知「一間房子」。
4. 要求幼兒自己操作一遍。
5. 接下來平放在桌面上，先把正方形就定位，再要求把三角形放在正方形的上面。
6. 也是一間房子。

7. 拿出教具的圖形，指導者放置一張，另一張要求幼兒完成，依此類推至全部結束。

8. 但是必須注意的是，必須在所有剪好的軟性磁片背面，貼上圖形編號，以利整理。

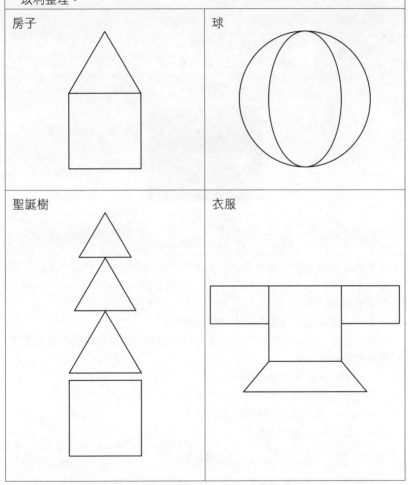

房子

球

聖誕樹

衣服

3-55

教學目標	專注力訓練
教具名稱	個別學習桌
準備材料	1.木板厚度2公分三塊。 2.一般學校有抽屜的書桌。

相片紀錄

圖 3-55-1

製作流程

1. 桌子的左邊以木條作成一條鏤空的邊框（以利桌面上三個邊的木板可以裝卸）。
2. 右邊的桌緣亦同。
3. 長邊的桌緣亦以木條製作相同的鏤空邊框。
4. 右邊的桌腳二分之一的地方，同剛才所製邊框的邊框一樣的長度和寬度的鏤空邊框。
5. 左邊與步驟4.相同的鏤空邊框。
6. 以2公分寬的木板，依其桌面的寬度裁成三大塊。
6. 三大塊木板的外側貼上可以抓握的把手。
7. 修掉尖銳的角，避免受傷。

使用方法

1. 針對注意力缺損或是自閉症的個案，個別學習時使用。
2. 可以增加學生的專注力，增加學習的品質。

3-56

教學目標	認識注音符號
教具名稱	注音符號砂字卡
準備材料	1.砂紙。 2.西卡紙。 3.夾子。

相片紀錄

圖 3-56-1

製作流程

1. 剪成每一張為 5cm×5cm 大小的紙卡。
2. 砂紙亦同。
3. 將注音符號外框字，以電腦列印下來。
4. 以剪刀剪下來。
5. 注意要小心的剪開，因為剪下來的那一張要貼在另外一張西卡紙上，作為配對之用。
6. 在左上角打洞以鐵環勾住。
7. 在右上角剪一個截角作為整理之用。

使用方法

活動一：
1. 拿出實心的砂字注音符號。
2. 以食指和中指加以觸摸。
3. 並説出符號的名稱。
4. 要求幼兒跟著做一次。

5. 拿出相同的鏤空注音符號。

6. 依次觸摸並說出其名稱。

7. 把兩張都加以呈現,並告訴幼兒並說明,都是一樣的。

8. 接下來指導者拿一張砂字注音,要求幼兒找出鏤空注音。

活動二:猜猜看這是什麼注音

1. 以眼罩把眼睛蓋住。

2. 用手去觸摸注音符號的實心砂紙。

3. 猜猜看所觸摸的注音是什麼。

4. 拉開眼罩,答案揭曉。

5. 拿出兩張不同的實心砂字,另外兩張為鏤空字,戴上眼罩,以觸摸的方式配對找出相同注音的字(必須在幼兒已經可以明眼辨識,才可以進展到此步驟)。

3-57

教學目標	注音符號的認識與拼音
教具名稱	注音符號四折卡

相片紀錄

圖 3-57-1

圖 3-57-2

圖 3-57-3

圖 3-57-4

製作流程

1. 粉彩紙裁成 5cm×15cm 的長條紙。
2. 先對摺。
3. 再從兩端往中間摺痕摺入。
4. 依次在中間的兩格寫下注音符號。

使用方法

1. 先看整張注音並由指導者唸出來。
2. 蓋住下半部。
3. 蓋住上半部。
4. 整張呈現。
5. 例如：ㄇ／一／咪。
6. 視覺單純化，減少幼兒的干擾源。

3-58

教學目標	迷宮練習
教具名稱	迷宮練習盒

相片紀錄

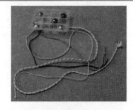

圖 3-58-1

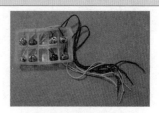

圖 3-58-2

圖 3-58-3

圖 3-58-4

製作流程

1. 蒟蒻盒的空罐。
2. 在每個格子裡面打洞。
3. 以不同的棉線,一條綁上一個鈴鐺。
4. 剛開始只用一個鈴鐺一條棉線,再逐次增加其繩子與鈴鐺的數量。

使用方法

1. 將教材放置桌面。
2. 把繩子往外拉。
3. 拉住其中一條繩子,要求學生找出是哪一個鈴鐺。
4. 剛開始是不一樣顏色的繩子,接下來再以同樣顏色的繩子做組合。

注意事項：

　　有很多幼兒搞不清楚為什麼不能畫過線，一定要沿著空白的地方前進，這時候必須要加入另外一個步驟，那就是具體概念，其做法如下：

1. 拿出紙黏土。
2. 示範搓捏的動作。
3. 在桌面上以雙手加以往前推成一條長條狀。
4. 沿著護貝過的範例簡單迷宮圖，放置上去，把線條立體化。
5. 接下來以手指在圖面上的黏土空間行走。
6. 當撞到黏土時，便可以告知，哇！撞到了，要走到路中間。
7. 接下來才進展到紙面上的操作。
8. 剛開始先用時，只在紙面上以手指行走。
9. 接下來才用鉛筆走迷宮。
10. 若幼兒沒辦法一次走整張迷宮，則可以減少迷宮的長度，再逐漸加長。

範　例　　　迷　宮

使用方法
1. 在迷宮的兩頭各放一個相同的物件。
2. 要求幼兒從迷宮的一頭到達另一頭。
3. 剛開始的時候指導者可以先示範。
4. 接下來叫幼兒以手指頭走過一遍。
5. 最後再以鉛筆沿著剛才的方向走完迷宮。

領域四 語言的訓練

嬰幼兒的語言發展簡表

一個月	□ 能從喉部發出爆發音。
三個月	□ 單音發音，玩發音的遊戲。
六個月	□ 連結母音和子音會重複發出ㄇㄛ、ㄅㄚ的聲音，單純的聲音遊戲。 □ 喃喃發聲。 □ 頭會轉向聲源。 □ 會用哭或是以手撥弄、抓、丟，來表示意思。
七個月	□ 能夠了解成人的表情與手勢。
九個月	□ 逐漸模仿成人的語音。
十個月	□ 了解簡單的語音。
十二個月	□ 開始説出第一個字，能把聲音和意義連結在一起。 □ 理解語言到服從簡單的語言命令。 □ 知道且能指出自己的頭髮、眼睛、鼻子和嘴巴在哪裡。 □ 能準確的説出二到三個字。 □ 會嘗試模仿。
一歲半	□ 開始説簡單的單字。 □ 叫出東西的名字和表達自己的願望。 □ 會以單字來表示整個句子。 □ 會學小狗小貓叫。 □ 喜歡聽簡單的故事。
二歲 ∼ 二歲半	□ 模仿環境中的聲音（狗叫、貓叫）。 □ 有三百個字彙（會説：「媽媽去買菜。」）。 □ 會回答問題或輪流對話。 □ 會使用代名詞「我」、「你」、「我的」、「我」要吃。

	☐ 説否定句時，還不能以適當的語句來表達（媽媽不要走——會以「媽媽走，不要」，來表達他的意思）。 ☐ 能了解大人的指令「去洗手」、「去睡覺」。 ☐ 熟悉物品的功能（寫字要拿筆）。
三歲	☐ 會用複數：「好多狗啊」、「給我幾個糖」。 ☐ 擁有 900 個字彙。（會用 3 到 4 個字來組成完整的句子表達需求：「爸爸吃糖，我要親親」）。 ☐ 能説剛才發生的事情。 ☐ 會聽從連續 2 至 3 個簡單指令。 ☐ 話語中會有「大」、「很多」、「裡面」、「這個」……等形容詞。
四歲	☐ 擁有 1500 個字彙。會用 4 到 6 個字彙組成句子。 ☐ 非常好問。 ☐ 會使用誇張的方式説故事。 ☐ 會唱簡單的歌。 ☐ 能複述 4 個數字。
四歲半	☐ 能説出數種顏色的名稱。
五歲 ∫ 六歲	☐ 能記住自己家裡的住址。 ☐ 能接電話並傳達簡單的訊息。 ☐ 助詞、副詞、介詞、連接詞、感嘆詞、量詞都有增加。

　　許多研究溝通的學者指出，溝通的過程包括接收與表達兩大部分，雖然語言是溝通時最常被使用的工具，但是非語言的形式同樣也可以傳達其需求，例如：拉褲子表示要尿尿，皺眉頭表示生氣或是身體不舒服……，要學會語言的技能，除了兒童本身的生理發育和腦部功能之外，還需要仰賴後天環境中足夠的學習和語言刺激的經驗，才能一步步發展出來，但是對於特殊需求的兒童，不管是什麼原因造成孩子的語言問題，只要能夠隨時觀察孩子的發展，把握治療的契機，對於孩子的學習則有相當大的助益。

關於孩子的語言問題可以概略敘述如下：

一 構音異常

即所謂的口齒不清，這和孩子的口腔靈敏度、口腔的動作協調性、語音的聽辨力有關聯，當孩子過了四歲仍有臭乳呆的現象時，父母應儘早至醫療院所接受語言治療，做構音矯正。

二 語言發展遲緩

某些幼兒因為先天性的生理缺陷、腦部功能發育不良、後天的文化刺激不足，或是環境剝奪等因素，使得在語言上發展跟不上同年齡的幼兒，造成語言發展緩慢或是偏差的情形，就應該立刻帶孩子去專業人員處做進一步的評估，尋求協助。

三 口吃

即是在說話的時候有結結巴巴不斷的重複某些字、拉長語音或是字句中斷等現象。在三到六歲的一般幼兒，偶爾會出現說話結巴的狀況，若時間持續過久，就應該求助醫療院所的語言治療。

四 多重性的語言問題

聽障或是唇顎裂、智能障礙、腦性麻痺等幼兒，有許多是先天器官缺陷或是後天疾病、先天腦部功能障礙等，在感覺、運動、認知、語言的學習，都有一項或是多項產生問題，他們更需要醫療專業人員的及早介入與輔導，方能減低其障礙的程度。

在語言的指導活動上，有些較早期的幼童，尚未有口語能力

時，可以透過口腔的肌肉練習：吹泡泡、舔果醬、吃海苔等方式，或嚼魷魚絲等等，增加其口腔的靈活度。另外，在學習的過程中，若屬極重度多重障礙者，有可能終其一生皆無法有其口語能力，則必須考量溝通輔具或溝通卡的使用，否則，沒有使用功能性的溝通，孩子因需求無法得到滿足，會導致後來有情緒方面的問題，等到那時候再來矯治，則往往會事倍功半。

　　其他在日常生活中持續不斷的練習也是不二的法門。有時候也可以在課堂中連結日常生活的情境。例如：喝水不拿杯子給他，由他主動說出：「杯子」；待其能力慢慢具備，再要求其句子的完整，諸如此類……。另外，視覺線索的輔助學習亦是一種很好的策略，例如：××和××連接詞的學習就可以放兩個托盤，中間放置「和」的文字，依此來學習連接詞的使用。

　　筆者在教學的過程中，為了結合視覺、聽覺、觸覺的多感官學習，常常會使用由科技輔具基金會所生產的微電腦語音溝通板，透過版面的設計，隨按隨錄，幼兒在學習的過程中聽到熟悉的聲音，寓教於樂，成效斐然。以下就部分的版面做介紹：

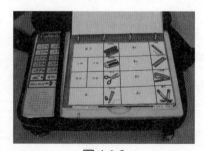

圖 4-1-1　　　　　　　　　　圖 4-1-2

圖 4-1-3

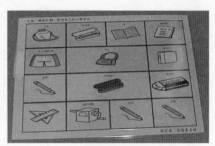
圖 4-1-4

圖 4-1-5

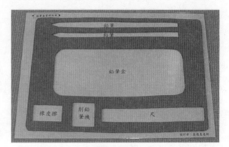
圖 4-1-6

㈠圖 4-1-1

透過版面的設計，指導幼兒分辨物件的所有權：「這是你的書包嗎？」「是的，這是我的書包。」

㈡圖 4-1-2

「桌子上面有剪刀和釘書機」，「鉛筆盒裡面有鉛筆、尺和橡皮擦」，透過版面來學習方位和「□□和□」的連接詞使用，應用在學齡前的幼兒，效果斐然。

(三)圖 4-1-3

在上課的時候，對於課程中會用到的語詞，製作成版面，讓腦性麻痺的孩子能夠透過溝通板表達其「需求」。

(四)圖 4-1-4

目標：會整理自己的書包和鉛筆盒。對於比較沒有結構觀念的孩子，很容易丟三落四，此版面便是教導幼兒學會整理自己的物品，成效卓著。

(五)圖 4-1-5

針對一位自閉症的幼兒，教導其情緒的表達：心情高興、生氣……。

(六)圖 4-1-6

鉛筆盒凹陷齊格板：依照版面的設定，當幼兒把物件依照其凹陷的地方擺好，套用在溝通板上面的時候，要媽媽或是幼兒的兄、姊，將聲音錄進去，幼兒只要操作與按壓，便可以有正確的物件聲音回饋，較能夠引起幼兒的興趣與學習動機。

有的家長或老師會誤以為，當溝通板幫助幼兒說出心理的話之後，幼兒日後便會過度依賴，而不願自己說出來；甚至有些幼兒，在學習的過程中，必須經過重複操作的過程，玩按壓和聲音的回饋，樂在其中時，便擔心幼兒只喜歡按壓，而不想說出來，便斷然否決溝通板的功能，相當令人遺憾。

　　身為一個特殊教育從業人員，個人認為當務之急的便是為孩子開啟一扇溝通的窗，因為當任何人其所有的窗戶都關閉的時候，行為問題便會緊跟而來，唯有開啟他們的心窗，表達其需求，很多棘手的問題方能迎刃而解；問題是，我們何不預防勝於治療，以避免日後有可能發生的問題？

　　若讀者還是有所疑慮，可參考筆者於 92 年所編製的《微電腦語音溝通板教學指引》，書中有很多的教學範例，相信可以釐清家長或是老師在教學方面的疑慮。

領域五　社會行為

社會行為的發展簡表

三個月	□ 會表現出社會性的微笑。 □ 樂於接近成人，大人接近時便停止哭泣。
五個月 ∫ 六個月	□ 逐漸區分熟悉者與陌生人的不同。 □ 嬰兒與母親之間的感情逐漸建立。 □ 能夠辨別成人愉快與憤怒的表情與聲音，而做出不同的反應。
九個月	□ 能抓對方的衣服，搶對方的玩具。 □ 能模仿他人，從臉上表情、姿勢、動作、聲音到行為。
一歲 ∫ 二歲	□ 和家人有親密感，例如母親離開他時，會很緊張。 □ 喜歡幫忙做家事，模仿媽媽擦桌子、掃地或洗衣服。
二歲半 ∫ 三歲	□ 可以和其他幼兒一起遊戲，但是各玩各的，彼此沒有互動。 □ 會有假想的玩伴，而且與他說個不停。 □ 慢慢的不會那麼黏母親。 □ 遊戲過後能夠幫忙收玩具。 □ 注意到性別的不同，知道自己是男生或是女生。
四歲 ∫ 六歲	□ 開始學習簡單的比賽規則。 □ 對著洋娃娃或是假想的玩伴說話。 □ 漸漸的能和別人一起分享玩具、一起遊戲。 □ 會玩模仿或是假想的「看醫生」遊戲。 □ 對於公平，已經有初步的概念。

　　本教材內容包括猜拳的遊戲、分享概念學習、輪流、等待的概念學習……等，個人平時在教學的課程當中，常常會以繪本來引導幼兒對於情緒的理解與問題的處理，相當能引起幼兒的共鳴。

5-1

教學目標	鉛筆盒整理齊格板

相片紀錄

圖 5-1-1

圖 5-1-2

圖 5-1-3

圖 5-1-4

製作流程

1. 將薄泡棉依照鉛筆盒中的文具依次排列。
2. 為了增加其視覺的記憶，另外以一張紙寫下鉛筆盒中的文具內容。
3. 貼在鉛筆盒的盒蓋上。
4. 將泡棉依照其圖中所標示的圖示切割。
5. 將西卡紙依照鉛筆盒的大小，裁剪成長方形。
6. 將泡棉貼在西卡紙上。
7. 要注意的點是，泡棉的顏色要和西卡紙成對比色，才能夠增加視覺的清晰度。
8. 必須搭配圖畫齊格版，做為進階之使用。

使用方法

1. 告知鉛筆盒裡還有什麼東西。

2. ——將之拿出來。

3. 依孩子的個別差異，提供圖畫齊格板或是凹陷齊格板。

4. 拿走其中一樣東西，要求幼兒找出來。

5. 依序多次操作直至熟練。

鉛筆盒的齊格板

削鉛筆機

□鉛筆 4 枝
□橡皮擦 1 塊
□尺 1 把
□削鉛筆機 1 個

橡皮擦

鉛筆 1

鉛筆 2

鉛筆 3

鉛筆 4

尺

都ㄉㄡ檢ㄐㄧㄢ查ㄔㄚ完ㄨㄢ了ㄌㄜ嗎ㄇㄚ？

5-2

教學目標	會做猜拳的遊戲
教具名稱	猜拳提示卡

相片紀錄

圖 5-2-1

圖 5-2-2

製作流程

1. 將剪刀、石頭、布的手型一一畫出來。
2. 把不同手型兩兩畫在同一張紙上。
3. 把勝利的手型貼上一張貼紙，表示勝利。

使用方法

1. 和孩子玩猜拳的遊戲。
2. 贏的人可以拿一塊積木。
3. 玩過數次之後，可以統計積木的數量，或是比較多少。
4. 勝利者可以吃糖果或是已經約定好的獎品。

注意事項：

　　有些小朋友，還是不清楚誰勝利，也可以再加上：剪刀和石頭，一比出來石頭把剪刀打彎了（指導者角色扮演）；剪刀和紙，直接把剪刀剪掉紙，所以剪刀贏了；石頭和布，布把石頭包起來了，所以布贏了。以此類推，加強其印象。

一、社會故事的運用

綜合個人在從事特殊教育生涯中，針對 4 歲以上的特殊幼兒所使用的教學法可說是琳瑯滿目，尤其是對於有口語能力的特殊兒童（包括自閉症或其他類別的特殊兒童），其中社會故事的教學法成效卓著，以下就個人的經驗概述如下。

(一)對新環境的認識

1. 若要增加其對於新環境的接受，可以在事先，以相機拍攝從自家裡到目的地的沿路標的，例如：麥當勞、加油站、7-11、超級市場……等，最後更詳細的拍下目的地，之後在拍攝，自入口到出口所欲指導的途徑，讓幼兒雖未到該處，但卻已經可以先「視」其境。
2. 選定時間，將照片依序排列，編寫社會故事，讓幼兒清楚的知道將來會發生什麼事情，會經歷什麼人事時地物，在適應上比較不會有困難。
3. 抵達場地後再依次拿出照片比對情境，排除其陌生感。
4. 在參觀的過程若能以 V8 拍攝下來，回家後播放，每個孩子當看到自己在電視上出現，比較有學習的動機！透過如此的回溯讓學生延長其經驗記憶，訓練其語言的能力。
5. 若要新入一個幼稚園或是國小階段，其效果更加顯著了！

(二)針對教室常規的遵從

1. 個人曾設計教室常規的社會故事，內容重點是上課的時間要聽從該課堂老師的指導。

　　班上某一位小朋友上課時間正與同學發生糾紛，便生氣地想要「離家出走」（小朋友邊走邊說的），結果被我叫回來，

師：「○○○這是什麼時間？」

該生回答：「上課時間！」

師：「上課的是那位老師？」

生：「莊老師。」

師：「所以要聽那個老師的話。」

生：「莊老師的話。」

師：「莊老師說現在到位子上坐好，那你會怎麼做？」

生：「到位子上坐好！」接著，他便乖乖地回到自己的座位繼續上課了！

2. 也曾設計過一則社會故事，改善他人對特殊學齡兒童的不當的言論譏笑，筆者曾告訴此生：「輸了沒關係，再努力就好！」結果事實證明，此生之後當他人的不當譏笑，他會很勇敢地說：「輸了沒關係，再努力就好！」

3. 針對4～6歲的特殊幼兒的語音溝通板團體教學，為了讓情境結合語言的溝通，特別於每次上課的時候，書寫一則相關的社會故事，給予特殊幼兒了解概念的認知或活動的流程，有些則再配合結構化的教學模式，進行二年，效果斐然！其中給予個人印象最深刻的是電話號碼的學習，透過此版面的設計，再加上實際的操練，數位小朋友的能力得以塑造成功（此為個人為他們所設計轉銜計畫中的一個目標）。

　　從幼稚園到國小的學齡階段對特殊幼兒有著相當大的影響，家長在考量安置幼兒在何種教育環境，更是教養 4～6 歲特殊幼兒的家長所必須及早規劃與考量的重點。

二、轉銜計畫的重要性

　　要討論特殊幼兒教養的另一個問題便是什麼時候就學？要就讀什麼性質的學校或機構？首先要思考其成熟度和適應狀況，另外一點要注意的便是，家長對孩子的期盼在哪裡？希望孩子從所安置的地方學習到什麼？如此才能決定何種安置適合他（她）、何時接受特教，或普通教育的服務，對孩子才是最好的。

　　一般的公私立幼稚園，其教學方式的個別差異也很大：

1. 其種類可區分為：標榜蒙特梭利教學「分齡式、混齡式」、開放式的啟發教學、角落教學，甚至雙語教學或傳統式教學……。
2. 其師生比例：依照幼幼班、小班、中班、大班，更有不同的比例。
3. 接送方式：有的有娃娃車接送，有的必須自行接送。
4. 寒暑假的長短：有的是依照公立國民小學的放假標準，有的只有短期的休假，標準不一。
5. 教學空間的規劃是屬於何種型式？是封閉式的或是開放式的？
6. 是否經過政府立案？
7. 園長對於特殊孩子的接受度如何？園內的教師對於特殊孩子的接受度又如何？
8. 園內之前是否有接受過特殊孩子的融合？

9. 有的幼稚園標榜低學費，但是他們會利用下午的時間進行才藝的活動，那是必須另外繳費的，若家長不願意讓孩子參加，則下午時間幼稚園或托兒所祇可能以養護的集中管理而沒有為孩子特別設計課程進行教學，因此家長在找尋安置場所時必須加以留意。

10. 適量的告知園方該類型孩子，所必須注意的事項。

(一)欲進入融合式幼稚園的準備條件

1. 若欲進入中班或大班，其生活自理的能力是必備的條件（會自行上廁所小便、自行吃飯）。

2. 儘量避免，不能有攻擊行為。

3. 聽得懂簡單的指令。

4. 認識基本的顏色。

5. 會拉開餐盒的拉鏈，並拿出指定的碗。

6. 知道避開危險物。

7. 依幼稚園的需要訓練。

(二)國小階段的教育安置場所如下

依照特殊教育法的規定，特殊兒童的就學以就近安置為原則。

1. 啟智班：安置中重度智能不足學生的場所。

2. 資源班：安置輕度智能不足、學習障礙、高功能自閉症的學生，其學籍還是留在普通班，一星期有數堂課至資源班上課，透過特教老師加強國語、數學、情緒方面的輔導，有分為外加式、抽離式和外加式+抽離式兩種方式的混合模式。

3. 普通班：若普通班班上有特殊學生，依規定老師得以減少班上學生人數。

4. 若家長將來不願意讓特殊孩子進入特殊教育體系裡面，只願意孩子留在普通班時，建議就學的學校最好還是有資源班的設置，因為有資源班設置的學校，對於特殊教育的宣導比較完善，因為孩子在普通環境的融合成功與否，往往取決於整個環境的合適性，絕非是某人或是某個班級。

5. 尋找有設置資源班學校的另一個考量點是替孩子留一個退路，因為低年級的課程比較簡單，孩子學習上的差距不是很大，尚可以聽懂部分課程，但是當年級愈高，課程愈困難，聽得懂的部分就愈來愈少，專注力相對的下降，行為問題便應運而生，這時候特教老師的介入就有其必要性，若沒有特教的支持，很多個案常常因而被迫轉學，才能有所轉機，這時候孩子又要適應另一個新的環境，這對家長或是孩子本身都是另一個煎熬！？

三、國小普通班新生能力檢核表

國小普通班新生能力檢核表

填表日期：_____

※請在適當的位置打勾

領域	具備的能力	0	1	2	3	4
粗大動作	1.跑、走的能力有具備，且跟得上一般孩子					
	2.會正確地爬樓梯					
	3.會跟著隊伍排隊行走					
	4.會依指令蹲下來五分鐘					
精細動作	1.會聽指令完成剪、貼、撕中2個步驟以上的美勞作品					
	2.會正確的使用文具用品					
認知	1.會模仿簡單的動作					
	2.認識自己的名字					
	3.會寫自己的姓名（別人看得懂）					
	4.認識注音符號的字母（最好有結合韻的概念）					
	5.會寫出或說出家裡的電話號碼					
	6.會抄寫黑板上的文字（不在同一個平面）					
	7.認識自己的東西					
	8.認識以下的文字與課本：國語、數學、生活、健康與體育、國語習作（甲、乙）……					
	9.會很快的找到〇〇書並翻開至〇〇頁					
	10.認識方位語詞（前、後、左、右）					
	11.認識次序的語詞（第一、第二、第三）					
語言（表達與理解）	1.可以執行連續兩個指令					
	2.聽到自己的名字有適當的回應					
	3.（了解）當老師叫（小朋友、大家、你們）時有正確的回應					
	4.會適時的表達需求					
	5.對他人的問題會做簡單的回答（不會時也會說：「我不知道」）					
	6.會完整敘述剛才發生過的事情					
	7.會使用電話與人溝通					
生活自理	1.會整理自己的書包——三層夾的使用					
	2.自己穿脫衣褲					

	3.很容易的穿脫布鞋或皮鞋（有些國小嚴禁穿涼鞋）				
	4.自己上廁所小便				
	5.自己上廁所大便（會使用學校的馬桶）且會擦拭乾淨				
	6.正確使用衛生紙和抹布				
	7.會隨身攜帶衛生紙和手帕				
	8.會獨立自主吃飯（包括準備餐盤和飯後的收拾）				
	9.會保持自己座位四周的整潔				
	10.會使用自己的水壺				
	11.會使用不同類型的飲水機飲水				
	12.會將脫下來的外套掛在椅背或會摺疊衣物				
	13.會適時的洗手保持乾淨				
	14.會記得帶走自己的隨身物品				
	15.會依天氣冷熱穿脫衣物				
社會行為	1.對於別人善意的干涉有正向的回應				
	2.上課時間找不到全班同學時，知道要如何求助				
	3.受欺侮時會知道如何因應				
	4.會與同學玩遊戲				
	5.遇到困難會尋求協助				
	6.當老師交代的事情不會做時，會模仿他人並持續完成				
教室規則	1.聽到上課鐘聲時，會停止目前所進行的活動				
	2.認識自己的座位				
	3.老師點名時會回答（「有！」或「在這裡！」）				
	4.上課時不會隨意走動				
	5.上課時有問題會先舉手經過老師允許再發言				
	6.會回答有關主題的話				
	7.上課進行時，不會干擾別人（或在提醒下立即改善）				
	8.聽的懂並遵從起立—立正—敬禮—坐下的指令				

評量標準
0　沒有學習動機
1　有動機但是必須在 $\frac{2}{3}$ 以上的協助下才能完成
2　在 $\frac{1}{3}$ 協助下完成
3　在 $\frac{1}{3}$ 以下協助下完成
4　能獨立完成

四 如何訓練

(一)認識學校的環境

1. 認識新學校的環境：建議先帶其前往學校，介紹環境拍攝照片或是製作成 Power-Point 檔的方式，有利於在家的練習，比起相片更具有臨場感與真實感。
2. 練習從學校前門、後門到達一年級的教室路徑。
3. 介紹校長室、輔導室……之功能和位置。
4. 練習使用學校不同方位的廁所。
5. 認識分辨男女生廁所的不同。
6. 練習使用學校的飲水機和不同的洗手水龍頭。
7. 練習以社會故事的方式進行轉銜計畫。
8. 多讓孩子有機會使用學校的遊樂設施與適應學校的鐘聲。
9. 練習穿脫鞋子的動作與速度，助於日後情境轉換的速度，跟同學的差距比較不會太大。
10. 知道什麼是危險地區（防空洞或無人的地下室）。
11. 下雨時會使用雨傘。
12. 下雨時會避開，不會故意淋雨玩耍。

(二)課堂中的適應技巧

1. 聽到上課鐘聲便自動進教室。
2. 下課時間不會到距離教室很遠的地方遊玩。
3. 聽口令執行與同學一致的動作。
4. 點名時會喊：「有！」。

5. 練習坐在座位上達 30 分鐘以上。

6. 練習在班上與同學一起唸書本的課文或黑板的文字。

7. 與數個同學到黑板寫字時，不會穿梭於他人前面干擾別人的書寫。

8. 會依序傳遞作業或物品。

9. 會練習排隊放學。

10. 男生會練習從前面拉開拉鏈尿尿，而非整個褲子脫下來。

11. 練習在蹲式的馬桶大便。

12. 上課時間有生理需求（尿尿、大便）時會舉手表示。

13. 認識自己的書包、鉛筆等上學用品。

14. 練習自己背書包和水壺。

15. 練習使用橡皮擦、墊板、尺、削鉛筆機等文具用品。

16. 將個人物品寫上姓名以示分辨。

17. 習寫自己的姓名。

18. 練習注音符號（結合韻與調號的運用）。

19. 會按作業本的頁數依序使用。

20. 練習將黑板的字抄寫在聯絡簿上。

21. 先用大格子書寫，再逐漸縮小格子的尺寸。

22. 知道考試的意義（不能看別人的答案）。

23. 數與量的概念（1～10 量的概念）。

24. 會依序從 1 數到 50。

25. 學習動機的培養，必須由直接的食物增強，慢慢轉換以代幣制的方式增強。

參考資料：自閉症協會家長資源手冊。

5-3

教學目標	認識未來的學校
教具名稱	我未來的學校

相片紀錄

圖5-3-1　數位相機的圖片

圖5-3-2　相片貼在珍珠板上再加以切割

圖5-3-3　以溝通板的版面設計

圖5-3-4　可以在背面貼上軟性磁片以利排列之用

製作流程

1. 數位相機拍攝。　　　2. 護貝。
3. 貼在珍珠板後面。　　4. 切割成兩半。
5. 背面貼上軟性磁片（視幼兒的能力考量，是否以拼圖的方式進行）。

使用方法

1. 和孩子到未來的學校，依序說出地點、名稱，並加以拍照。
2. 若能做成 Power-Point 返家練習更佳。
3. 依序從門口到未來的教室貼好在卡片上。
4. 玩拼圖的遊戲，指導者拿一半，幼兒找出另一半——也可以套用語音溝通板的方式進行。

附件一：

認識未來的的校園／把相片依照順序排好。

1	2
3	4
5	6
7	8
9	10

附件二

上課規則

1. 上課鐘聲一響便要趕快進教室。

2. 要坐在自己的位子上。

3. 有事情要發言，先舉手。

4. 經過老師同意再說話。

附件三

上課的時候我該怎麼做？

我是李○○，在○○幼稚園○班上課，我有很多老師，他們教我＿＿＿＿＿＿課程。

1. 如果我有問題要問老師，我會先舉手。

2. 如果老師沒看到我，我會說：「老師我可以問問題嗎？」

3. 老師說可以問問題，我才可以說話。

4. 如果老師說：「不可以」，我就不會繼續說話。

5. 如果老師正在忙，我會等一下，等老師有時間，再問老師。

6. 如果想要離開座位，我會先問老師，經過老師同意我才會離開座位。

7. 上課要聽老師的話，這樣才是個好孩子。

附件四

書包要怎麼整理？

　　上課的時候，要聽從老師的話，我的導師是○○○，當她叫我做事情的時候，不可以慢吞吞，我會立刻去做。

1. 當老師說：「把聯絡簿收好。」
   我會立刻把聯絡簿放進書包裡。

2. 當老師說：「把三層夾收好」
   我會立刻把三層夾放進書包裡。

3. 如果老師還有其他的事情要求我做；
   我會聽老師的話，立刻做好。

　　因為上課的時候，要聽從老師的話，老師會說我很棒，給我兩個圈喔！

幼小轉銜課程

教學活動設計表

數學課				設計者	莊億惠
班別	第一組	**對象**	6歲特殊幼兒	**人數**	6人
時間	40分	**備註**			

教學目標	1. 認識數字 0-10	準備教材	1. 數字卡 1～10
	2. 會做數與量的配對		2. 數量卡 1～10
	3. 會翻開數學課本第○○頁的指令		3. 蘋果圖卡數張
	4. 會仿寫 1～10 的數字		4. 作業單 6 張
	5. 會做一對一的對應		

活動名稱：找數配量

流程：

□ 引起動機：
1. 老師手中握住一些糖果。
2. 請小朋友猜猜看，哪一手有糖果，答對的可以請吃糖。
3. 接下來請小朋友猜猜看，有幾顆糖？

□ 進行活動：
5. 告訴小朋友，想吃糖也沒問題，但是要認真學習才能說對數量。
6. 在白板上先拿出蘋果圖案，一一數出來。
7. 接下來，把數字卡拿出來配對。
8. 最後請小朋友一一配對。
9. 針對孩子的不同差異，進行到白板上操作排列數與量的配對。
10. 傳遞數學課本，請翻開○○頁。
11. 書寫數學作業單。

□ 綜合活動：
10. 回顧今天所進行的活動。
11. 點名並記錄所學習的內容。
12. 重申上下課的規矩。
13. 下課（起立—立正—敬禮—謝謝老師）。

評量\學生	①	②	③	④	⑤	⑥
目標1						
目標2						
目標3						
目標4						

備註

評量標準：
0 拒絕學習
1 協助 $\frac{2}{3}$ 以上
2 協助 $\frac{1}{3}$ ～ $\frac{2}{3}$
3 協助 $\frac{1}{3}$ 以下
4 獨立完成

數與量的配對練習單

學生姓名：＿＿＿＿＿＿＿　　　　　座號：＿＿＿＿＿＿＿

連連看

1	
6	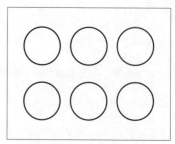
3	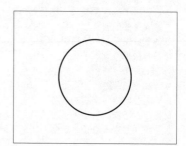

幼小轉銜課程

■ 教學活動設計表

美勞課				設計者	莊億惠
班別		**對象**	6 歲特殊幼兒	**人數**	6 人
時間	40 分	**備註**			
教學目標	1. 會抄寫黑板上的文字	**準備教材**	1. 圖畫紙 6 張		
	2. 會做傳遞的動作		2. 蠟筆 6 盒		
	3. 會聽指令完成撕—貼—推的美勞作品		3. 貼紙 24 張（四色各 6 張）		
			4. 尺 6 把		
	4. 會使用文具用品——尺		5. 鉛筆 6 枝		

活動名稱：泡泡大連線

流程：	評量 學生	①	②	③	④	⑤	⑥
□ 引起動機：							
1. 老師在白板上畫許多圈圈。	目標 1						
2. 告訴學生圈圈是圓形的，在教室裡面有哪些東西是圓形的呢？							
3. 老師手裡拿出 1 罐泡泡，吹出來，讓小朋友引起興趣。	目標 2						
□ 進行活動：	目標 3						
5. 請小朋友在圖畫紙上，畫出很多圓形的圈圈，再進行往外推的動作。	目標 4						
6. 接下來把貼紙撕下來貼在圈圈裡面。							
7. 最後再拿起 1 把尺，在最接近兩個圈圈的地方用鉛筆，靠在尺旁邊連起來。							
8. 先由老師示範一次，再請小朋友依次完成。							
9. 老師把圖畫紙、蠟筆拿給前面的同學，依次傳給後面的同學。							

流程（續）	備註
10. 畫完圈圈以後，請小朋友到老師這邊領貼紙和尺。	評量標準：
11. 全部畫完以後，請寫上名字（不會寫的，老師可以協助）。	0　拒絕學習
12. 展示小朋友的作品。	1　協助 $\frac{2}{3}$ 以上
□ 綜合活動：	2　協助 $\frac{1}{3}\sim\frac{2}{3}$
10. 回顧今天所進行的活動。	3　協助 $\frac{1}{3}$ 以下
11. 點名並記錄所學習的內容。	4　獨立完成
12. 重申上下課的規矩。	
13. 下課（起立—立正—敬禮—謝謝老師）。	

幼小轉銜課程

📋 教學活動設計表

生活教育課			設計者	莊億惠
班別		**對象**	6歲特殊幼兒	**人數**	6人
時間	40分	**備註**		

教學目標	1. 遇到問題知道如何解決	準備教材	1. 問題卡數張
	2. 點到自己的名字會喊		2. 洋芋片1罐
	3. 會回答「如果──你會怎麼辦」的問題		

活動名稱：遇到問題—解決問題

流程：

□ 引起動機：

1. 老師先點名。
2. 請小朋友把三層夾拿出來給老師。
3. 老師手裡拿出1罐洋芋片，詢問小朋友是否願意接受問題挑戰──答對的人就可以吃1片洋芋片。

□ 進行活動：

5. 請小朋友出列抽卡。
6. 老師依次把所抽出的卡唸出來。
7. 請小朋友回答（儘量依孩子的程度給予提示和協助）。
8. 答對完畢必須給予洋芋片的增強。

□ 綜合活動：

10. 回顧今天所進行的活動。
11. 點名並記錄所學習的內容。
12. 重申上下課的規矩。
13. 下課（起立─立正─敬禮─謝謝老師）。

評量＼學生	①	②	③	④	⑤	⑥
目標1						
目標2						
目標3						
目標4						

備註

評量標準：

0　拒絕學習

1　協助 $\frac{2}{3}$ 以上

2　協助 $\frac{1}{3}$ ～ $\frac{2}{3}$

3　協助 $\frac{1}{3}$ 以下

4　獨立完成

問題卡內容

1.上課的時候如果想要尿尿該怎麼辦呢？

2.如果有事情要找媽媽該怎麼辦？

3.當老師說「小朋友」、「大家」、「你們」的時候，你會怎麼做呢？

4.你會聽老師的話，做動作嗎？

5.你可以告訴我剛才的小朋友回答什麼問題嗎？

6.在學校如果口渴了，你該怎麼辦呢？

7.上課的時間到了，你還想要繼續玩，你會怎麼辦呢？

8.上課的時候如果有問題，你該怎麼辦呢？

9.臉或是手髒了，你該怎麼辦呢？

幼小轉銜課程

📖 教學活動設計表

國語課			設計者	莊億惠
班別		**對象**	6歲特殊幼兒　**人數**	6人
時間	40分	**備註**		

教學目標	準備教材
1.知道翻開國語課本第幾頁	1.國語首冊7本
2.會做傳遞的動作	2.鉛筆盒6個、鉛筆24枝、尺6把、削鉛筆機6個、橡皮擦6個
3.會抄寫白板上的文字	3.注音符號大字卡
4.會使用尺和鉛筆	4.作業單6張
5.會把相同的字連起來	5.沙包
6.會畫圓圈	

活動名稱：注音符號ㄅㄆㄇ

流程：

□ 引起動機：

1.聽注音符號的歌。

2.請學生一邊聽一邊拍手。

□ 進行活動：

5.請小朋友跟著唸一遍白板上的大型注音符號。

6.唸完之後，點名請小朋友說出老師指的字母。

7.接下來請小朋友以沙包丟所指明的字母。

8.沒有丟到可以再一次機會。

9.接下來老師把國語課本發下去。

10.請小朋友翻開〇〇頁。

11.完成該頁所黏貼的作業單。

□ 綜合活動：

10.回顧今天所進行的活動。

11.點名並記錄所學習的內容。

12.重申上下課的規矩。

13.下課（起立─立正─敬禮─謝謝老師）。

附註：

　　以下的作業單是依照幼兒不同的程度而有所差異，讀者可以視孩子的能力而給予作業單。

評量　學生	①	②	③	④	⑤	⑥
目標1						
目標2						
目標3						
目標4						
目標5						
目標6						

備註

評量標準：

0　拒絕學習

1　協助 $\frac{2}{3}$ 以上

2　協助 $\frac{1}{3}$～$\frac{2}{3}$

3　協助 $\frac{1}{3}$ 以下

4　獨立完成

附件一

請ㄑㄧㄥ把ㄅㄚ白ㄅㄞ板ㄅㄢ上ㄕㄤ的ㄉㄜ注ㄓㄨ音ㄧㄣ圈ㄑㄩㄢ起ㄑㄧ來ㄌㄞ。

學生姓名：_____ 　　座號：_____

ㄅ	ㄆ	ㄇ	ㄈ	ㄉ
ㄇ	ㄅ	ㄆ	ㄇ	ㄆ
ㄇ	ㄆ	ㄅ	ㄆ	ㄇ
ㄆ	ㄇ	ㄆ	ㄇ	ㄅ

附件二

請把白板上的注音圈起來。

學生姓名：＿＿＿＿＿＿　　　　　　座號：＿＿＿＿＿＿

ㄋ	ㄆ	ㄇ	ㄩ	ㄒ
ㄇ	ㄨ	ㄆ	ㄇ	ㄆ
ㄇ	ㄆ	ㄅ	ㄆ	ㄇ
ㄆ	ㄇ	ㄆ	ㄇ	ㄠ

附件三

　　請把白板上的注音圈起來。

學生姓名：＿＿＿＿＿＿　　　　　座號：＿＿＿＿＿＿

ㄅ	ㄆ	ㄇ	ㄈ	ㄉ
ㄇ	ㄅ	ㄆ	ㄇ	ㄆ
ㄇ	ㄆ	ㄅ	ㄆ	ㄇ
ㄆ	ㄇ	ㄆ	ㄇ	ㄅ

附件四

請把白板上的注音圈起來。

學生姓名：_____　　　　　　座號：_____

（ㄋ）	ㄆ	ㄇ	ㄨ	ㄒ
ㄇ	ㄏ	ㄆ	ㄇ	ㄆ
ㄇ	ㄆ	ㄐ	ㄆ	ㄇ
ㄆ	ㄇ	ㄆ	ㄇ	ㄑ

附件五：作業單

請在注音符號中，畫上各種不同的圖樣。

學生姓名：＿＿＿＿＿＿

範例

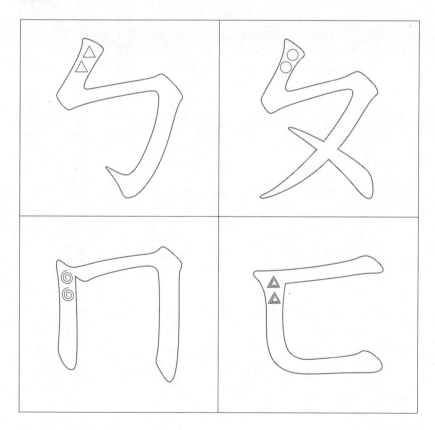

ㄅ	ㄆ	ㄇ	ㄈ
ㄉ	ㄊ	ㄋ	ㄌ
ㄍ	ㄎ	ㄏ	ㄐ
ㄑ	ㄒ	ㄓ	ㄔ
ㄕ	ㄖ	ㄗ	ㄘ

附件六

國語作業單———注音符號的書寫。

學生姓名：＿＿＿＿＿＿＿＿＿

ㄅ　ㄆ　ㄇ　ㄈ　ㄉ　ㄊ　ㄋ

ㄌ　ㄍ　ㄎ　ㄏ　ㄐ　ㄑ　ㄒ

ㄓ　ㄔ　ㄕ　ㄖ　ㄗ　ㄘ　ㄙ

ㄧ　ㄨ　ㄩ　ㄚ　ㄛ　ㄜ　ㄝ

ㄞ　ㄟ　ㄠ　ㄡ　ㄢ　ㄣ　ㄤ

ㄥ　ㄦ

領域六 生活自理和身邊處理

　　穿衣服、脫衣服、穿褲子、脫襪子、穿襪子、戴手套、脫手套、剪指甲、摺衣服、扣鈕釦……，必須要注意的是，以工作分析的方式，漸進式的撤離其協助；過多且過量的協助，會導致孩子的依賴性，反而無法建立其生活自理所必須具備的能力，筆者後續另有專書加以介紹。

1. Lloyd I. Richardson 等著，鍾聖教編譯。數概念的形成。

2. 吳淑美主編。知覺動作技巧訓練教材。

3. 郁凱編。殘障兒童的教育與遊戲史。

4. 林麗英編著（87）。學前發展性課程評量。心理出版社。

5. 吳淑美編製（88）。學齡前課程本位評量。心理出版社。

6. 早期教育指導手冊。雙溪啟智文教基金會。

7. 陳英三著（84）。特殊兒童教材教法——數學篇。五南圖書公司。

8. 林嘉綏、李丹玲著（88）。幼兒數學教材教法。五南圖書公司。

9. 莊億惠著（92）。微電腦語音溝通板版面設計。元鼎。

10. 李玉霞主編（86）。自閉症協會家長資源手冊。

11. 林麗英著（87）。家有學語兒。信誼基金會。

12. 丁淑芳等著（85）。0-6歲幼兒發展入門。信誼基金會。

13. 彭張燕等著（85）。兒童發展手冊。協康會。

14. 信誼基金會著。學前兒童學習能力篩選測驗。信誼基金會。

國家圖書館出版品預行編目資料

孩子，你可以更好：0至6歲特殊幼兒早
期療育遊戲書／莊億惠作--初版.--臺北
市：書泉，2005[民94]
　面；　公分.
　參考書目：面
ISBN 978-986-121-230-2（平裝）
1.特殊教育 2.學前教育
529.6　　　　　　　　94014370

3|21

孩子，你可以更好

——0至6歲特殊幼兒早期療育遊戲書

作　　　者 — 莊億惠（231.4）

發 行 人 — 楊榮川

總 經 理 — 楊士清

副總編輯 — 陳念祖

責任編輯 — 雅典編輯排版工作室、李敏華

出 版 者 — 書泉出版社

地　　　址：106台北市大安區和平東路二段339號4樓

電　　　話：(02)2705-5066　　傳　真：(02)2706-6100

網　　　址：http://www.wunan.com.tw

電子郵件：shuchuan@shuchuan.com.tw

劃撥帳號：01303853

戶　　　名：書泉出版社

經 銷 商：朝日文化

進退貨地址：新北市中和區橋安街15巷1號7樓

TEL：(02)2249-7714　　FAX：(02)2249-8715

法律顧問　林勝安律師事務所　林勝安律師

出版日期　2005年8月初版一刷
　　　　　2018年1月初版六刷

定　　　價　新臺幣300元